REGINE STRONER

klein
geht auch

KUCHEN, TARTES & TÖRTCHEN

REGINE STRONER

klein
geht auch

KUCHEN, TARTES & TÖRTCHEN

FOTOS VON MIRJAM FRUSCELLA

KOSMOS

klein geht auch

KUCHEN, TARTES & TÖRTCHEN

Magische Anziehungskraft
Klein ist unwiderstehlich

WORAUF FÄLLT DER BLICK BEIM KONDITOR ZUERST? AUF DIE FEINEN ZIER-
LICHEN TÖRTCHEN, CUPCAKES, CREMESCHNITTEN, PETITS FOURS UND UND
UND. ODER GEHT ES IHNEN ANDERS?

DAS AUGE ISST MIT

Die kleinen Köstlichkeiten ziehen uns magisch an.
Warum also nicht mal versuchen, solche verführe-
rischen Dinge selbst zu backen. Trauen Sie sich ruhig
ran, denn das ist kein Hexenwerk. Mit ein wenig
Geduld, den richtigen Rezepten und dem nötigen
Werkzeug steht Ihrem Backerfolg nichts im Weg!

GUT AUSGESTATTET

Stichwort Werkzeug: Hier bieten die Hersteller inzwischen alles an, was das Bäckerinnenherz begehrt.
Cupcake- oder Muffin-Bleche gehören heute ja fast
schon zur Standard-Ausrüstung. Inzwischen gibt es
sie in allen möglichen Varianten, so auch als Mini-
Gugelhupfe oder kleine Kastenformen. Und das
Angebot an Ausstechförmchen bietet das ganze Jahr
über eine schier unerschöpfliche Auswahl. Auch schöne Papierförmchen schreien ja geradezu nach Ihren
neuen Backideen. Tauschen Sie ruhig einmal Teige
und Toppings untereinander aus, da können Sie Ihrer
Fantasie wirklich freien Lauf lassen!

3 X KLEIN = 1 X GROSS

Was für den Anfang zum Backen der Mini-Törtchen
wirklich ganz hilfreich ist, das ist die Anschaffung
von 3 kleinen Springformen mit 16–18 cm Durchmesser. Viele der Rezepte in diesem Buch sind auf

diese Formengröße ausgelegt und so abgestimmt,
dass die Zutaten eines Rezepts immer in drei kleinen
oder einer großen Springform (26–28 cm Durchmesser) gebacken werden können. Und so lange die Höhe
des Gebäcks – ob klein oder groß – gleich bleibt,
ändert sich auch die Backzeit nicht.

DIE MENGE MACHT'S

Warum gibt es in diesem Buch kein Rezept speziell
nur für eine kleine Spring- oder Kastenform? Ganz
einfach: Weil Sie eine gewisse Menge an Butter oder
Eiern einfach brauchen, um diese schön cremig oder
schaumig aufschlagen zu können. Aus einem winzigen Pfützchen Eiweiß lässt sich einfach kein schöner
fester Eischnee schlagen. Und bei einer kleinen Menge Butter bleibt mehr zwischen den feinen Drähten
des Schneebesens hängen, als hinterher schön cremig
gerührt in der Schüssel zu finden ist. Außerdem wäre
das Backen eines einzigen kleinen Kuchens im großen
Backofen doch auch eine ziemlich unnötige Energie-
veschwendung! Investieren Sie also in drei dieser
kleinen Formen, Sie werden sie bald nicht mehr mis-
sen wollen! Ein fertiges Küchlein wird gleich gegess-
en, eins verschenkt und das dritte eingefroren!
Falls es überhaupt so weit kommt, denn wie gesagt:
Kleine Kuchen und Törtchen verfügen über magische
Anziehungskräfte!

schokoladig

Von der klassischen Sachertorte
im Mini-Format bis hin zu trendigen Cake-Pops,
ob weiß, edelbitter oder Vollmilch –
Schokolade macht einfach alles mit.

Karamell-Brownies

mit Schoko-Fudge

EIN SAFTIGER TEIG MIT VIEL SCHOKOLADE UND KLEINEN KARAMELL-STÜCKCHEN, BEDECKT MIT TYPISCH AMERIKANISCHEM FUDGE – MEHR SCHOKOLADE GEHT NICHT!

Zutaten für ca. 30 Stück

125 g Zartbitter-Schokolade

125 g Butter

150 g weiche Karamellbonbons

5 Eier (Größe M)

200 g Rohrohrzucker

110 g Mehl

2 geh. EL Kakao

Für den Fudge

200 ml Kondensmilch (ungesüßt)

125 g dunkle Kuvertüre

2 Pck. Vanillezucker

2–3 EL Zucker

besonderes Werkzeug

• rechteckige Form (20 x 30 cm) oder Backrahmen

Zeitbedarf

• 40 Minuten
• 25 Minuten backen
• 1–2 Stunden kühlen

So geht's

1. Die Schokolade grob hacken. Zusammen mit der Butter in einem flachen Topf bei milder Hitze schmelzen. Vom Herd nehmen und etwas abkühlen lassen. Die Karamellbonbons in kleine Würfel schneiden.

2. Den Backofen auf 180 °C (Umluft 160 °C) vorheizen. Die Form oder den Backrahmen mit Backpapier auslegen. Die Eier gut verquirlen, zusammen mit dem Zucker unter die Schokomasse rühren. Mehl und Kakao darüber sieben und zusammen mit den Bonbonwürfeln zügig unterheben. Den Teig in die Form füllen, glattstreichen und 25 Minuten backen. In der Form abkühlen lassen.

3. Für den Fudge die Kondensmilch erhitzen, grob gehackte Kuvertüre dazugeben und unter Rühren darin auflösen. Vanillezucker unterrühren und mit Zucker ganz nach Belieben abschmecken. Den Fudge auf der Brownieplatte verstreichen. Zum Festwerden für 1–2 Stunden kalt stellen.

4. Die Platte mithilfe des Papiers aus der Form heben oder aus dem Rahmen lösen. Erst kurz vor dem Servieren in Portionsstücke (ca. 5 x 5 cm) schneiden. Nur so viele Stücke schneiden, wie gebraucht werden. Den Rest fest in Folie verpacken und kühl lagern. So halten sich die Brownies auch über mehrere Tage frisch und trocknen nicht aus.

Schokotörtchen

à la Sacher

DIE KOMBINATION AUS GEHALTVOLLEM SCHOKOLADENBISKUIT,
APRIKOSENKONFITÜRE UND ZARTSCHMELZENDER SCHOKOGLASUR
IST UND BLEIBT EINFACH UNSCHLAGBAR!

Zutaten für 3 Törtchen

150 g dunkle Kuvertüre

120 g zimmerwarme Butter

160 g Zucker

6 Eier (Größe M)

1 Prise Salz

125 g Mehl

ca. 300 g Aprikosenkonfitüre

4 cl Aprikosenschnaps oder
Multivitaminsaft

Für die Glasur

150 g bittere Schokolade

200 g Zucker

⅛ l Wasser

dunkle Zuckerschrift
(Fertigprodukt)

besonderes Werkzeug
• 3 Springformen (Ø 18 cm)

Zeitbedarf
• 50 Minuten
• 35 – 40 Minuten backen

So geht's

1. Den Backofen auf 180 °C (Umluft 160 °C) vorheizen. Die Kuvertüre grob hacken und bei milder Hitze schmelzen. Die Butter mit den Schneebesen des Handrührgeräts oder in der Küchenmaschine schaumig rühren. Zucker, Eier und Salz dazugeben und alles zu einer hellen dicken Creme rühren.

2. Das Mehl über die Masse sieben und sorgfältig unterrühren. Backpapier in die Formen spannen, den Teig einfüllen und glatt streichen. Im heißen Ofen 35 – 40 Minuten backen. Auf Kuchengitter setzen, etwas abkühlen lassen, dann erst aus den Formen lösen und vollkommen auskühlen lassen. Anschließend einmal quer durchschneiden.

3. Die Aprikosenkonfitüre erwärmen und glatt rühren. Den unteren Boden jeweils mit etwas Schnaps oder Saft tränken und mit Konfitüre bestreichen. Den oberen Boden auflegen und ebenfalls tränken. Die Torten rundum mit der restlichen Konfitüre bestreichen.

4. Für die Glasur die Schokolade grob hacken. Zusammen mit Zucker und Wasser erhitzen, 4 – 5 Minuten sprudelnd kochen lassen. Die Torten damit gleichmäßig überziehen. Sobald die Glasur trocken ist, einen Schriftzug oder eine andere Verzierung mit der Zuckerschrift aufspritzen.

Die im Rezept angegebene Menge kann auch in einer Springform mit 26 – 28 cm Durchmesser zu einer großen Sachertorte gebacken werden. Die Backzeit bleibt gleich.

Blitzkekse
mit Bitterschokolade

DIESE KEKSE SIND GENAU DAS RICHTIGE FÜR BACKEINSTEIGER, DENN
SIE SIND GANZ EINFACH ZU BACKEN UND GELINGEN WIRKLICH IMMER.

Zutaten für ca. 60 Stück

100 g Zartbitter-Schokolade

100 g gemahlene Mandeln

100 g Mehl

2 geh. EL Speisestärke

100 g Zucker

150 g kalte Butter

abgeriebene Schale von
½ Bio-Orange

evtl. etwas Orangensaft

75 g weiße Kuvertüre

besonderes Werkzeug
• Keksstempel mit Schriftzug

Zeitbedarf
• 30 Minuten
• 15 Minuten kühlen
• 10 – 12 Minuten backen

So geht's

1. Die Schokolade möglichst fein hacken. Mit allen übrigen Zutaten (außer Kuvertüre) auf die Arbeitsfläche geben und mit einem großen Messer durchhacken. Die Zutaten dann mit den Händen zu einem festen Teig verkneten. Sollte er noch zu bröselig sein, teelöffelweise etwas Orangensaft unterkneten. Den Teig zu Rollen mit ca. 7 cm Durchmesser formen, in Folie wickeln und für 15 Minuten ins Gefrierfach legen.

2. In der Zwischenzeit den Backofen auf 200 °C (Umluft 180 °C) vorheizen. Das Backblech mit Backpapier belegen. Die Rollen mit einem ganz scharfen Messer in 1 cm dicke Scheiben schneiden und auf das Blech legen. Den Keksstempel in Mehl tauchen, gut ausklopfen und dann damit das Muster auf den Teig drücken, Stempel vorsichtig lösen. Die Kekse im heißen Ofen 10 – 12 Minuten backen.

3. Die Kekse mitsamt dem Papier auf ein Kuchengitter ziehen und abkühlen lassen. Die Kuvertüre hacken und in einen kleinen Gefrierbeutel füllen. Diesen gut verschließen. Kuvertüre im heißen Wasserbad schmelzen. An einer Ecke der Tüte eine winzige Spitze abschneiden. Die Kekse rundum mit einer feinen Linie verzieren. Wenn die Glasur getrocknet ist, die Kekse gut verpacken, dann halten sie sich 2 – 3 Wochen.

SO GEHT'S AUCH

Selbstverständlich können die Blitzkekse auch ohne Keksstempel gebacken werden! Dann einfach die gebackenen Kekse dicht nebeneinander legen und zickzackförmig mit feinen Glasurlinien überziehen. Oder den Teig ausrollen, Formen ausstechen und nach dem Backen mit Glasur verzieren.

Macarons

knusprig, luftig, leicht

SCHNELL GEBACKEN UND GANZ SCHNELL AUCH WIEDER WEG!
FRISCH SCHMECKEN MACARONS EINFACH UNWIDERSTEHLICH GUT.

Zutaten für ca. 20 Stück

175 g gemahlene Mandeln

2 geh. EL Kakao

3 Eiweiß (Größe M)

1 Prise Salz

210 g Zucker

1 EL Zitronensaft

Für die Füllung

150 g dunkle Kuvertüre

3 EL Mandelmus (Reformhaus)

1 gute Prise Zimt

besonderes Werkzeug
• Spritzbeutel mit Lochtülle

Zeitbedarf
• 40 Minuten
• 20 Minuten backen

So geht's

1. Den Backofen auf 140 °C (Umluft 120 °C) vorheizen. Das Blech mit Backpapier belegen. Die Mandeln mit dem Kakao in einer großen Schüssel gründlich vermischen.

2. Die Eiweiße mit Salz ganz steif schlagen. Den Zucker nach und nach dazurieseln lassen, Zitronensaft zufügen und weitere 5 Minuten schlagen, bis sich der Zucker fast aufgelöst hat. Die Schaummasse auf die Mandeln häufen und diese mit einem Teigschaber unterheben.

3. Die Masse in den Spritzbeutel füllen, Spiralen mit ca. 5 cm Ø auf das Backpapier spritzen. Dabei immer etwas Abstand lassen, da die Makronen noch leicht auseinanderlaufen. Im heißen Ofen 20 Minuten backen. Mit dem Papier vom Blech ziehen und auf einem Kuchengitter auskühlen lassen.

4. Die Kuvertüre fein hacken und im Wasserbad schmelzen. Ein Drittel davon in einen kleinen Gefrierbeutel füllen und beiseite legen. Unter den Rest das Mandelmus und den Zimt rühren. Die Makronen vom Papier lösen und jeweils 2 Stück mit Schokocreme füllen und zusammensetzen.

5. Die Kuvertüre im Beutel eventuell nochmals kurz ins heiße Wasserbad halten, falls sie schon zu fest geworden sein sollte. An einer Ecke eine winzige Spitze abschneiden und die Macarons mit Schokolinien, Tupfen oder einem Gittermuster verzieren. Gut verpackt halten sich die Macarons 6 – 8 Tage, allerdings werden sie dann wieder etwas weicher.

Schokotartelettes
mit Pfefferminze

IDEAL ALS FINGERFOOD – KLEINE MÜRBTEIGTARTELETTES,
GEFÜLLT MIT EINER CREMIGEN SCHOKOLADENMASSE.
UND DIE FINGER BLEIBEN DABEI GANZ SAUBER!

Zutaten für ca. 6 – 8 Stück

125 g Mehl

75 g kalte Butter

40 g Zucker

1 Prise Salz

1 Eigelb (Größe M)

Für die Füllung

150 g Sahne

1 Teebeutel Pfefferminztee

150 g dunkle Kuvertüre

150 g Mascarpone

1 – 2 TL Puderzucker zum Abschmecken

besonderes Werkzeug
• kleine Tartelettesförmchen

Zeitbedarf
• 50 Minuten
• 1 – 2 Stunden kühlen
• 10 – 12 Minuten backen

So geht's

1. Mehl, klein geschnittene Butter, Zucker, Salz und Eigelb auf die Arbeitsfläche häufen. Mit einem großen Messer bröselig hacken, dann mit den Händen rasch zu einem Mürbteig verkneten. In Folie gewickelt für 1 – 2 Stunden kalt stellen.

2. Den Backofen auf 200 °C (Umluft 180 °C) vorheizen. Die Förmchen sorgfältig einfetten. Dicht nebeneinander auf die Arbeitsfläche stellen. Den Teig portionsweise auf wenig Mehl 2 – 3 Millimeter dick ausrollen. Die Platte über die Förmchen legen, mit dem Nudelholz darüberrollen, so dass der Förmchenrand den Teig durchtrennt.

3. Mit den Fingerspitzen den Teig in die Förmchen drücken. Auf ein Blech stellen und im heißen Ofen 10 – 12 Minuten backen. Die Förmchen abkühlen lassen, bis man sie mit den Händen anfassen kann. Tartelettes herausstürzen und auf Kuchengittern vollkommen auskühlen lassen. Die nächste Teigportion genauso verarbeiten. Die Förmchen zwischendurch nicht abspülen, sondern gleich weiterverwenden.

4. Für die Füllung die Sahne mit dem Teebeutel aufkochen. 5 Minuten ziehen lassen, dann den Beutel entfernen. Die Kuvertüre fein hacken und in der warmen Sahne auflösen. Etwas abkühlen lassen, dann den Mascarpone unterrühren und mit Puderzucker abschmecken. In die Tartelettes gießen und abkühlen lassen. An einem kühlen Ort aufbewahrt halten sie sich 1 Woche.

Aus der angegebenen Menge kann man eine Tarte in einer Form mit 20 – 22 cm Durchmesser backen. Damit der Rand nicht abrutscht, beim Blindbacken einen Backpapierkreis auf den Teig legen und mit Linsen beschweren.

BESONDERS HÜBSCH

Verzieren Sie die Tartelettes nach dem Abkühlen noch mit weißen Zucker- oder Liebesperlen und servieren Sie sie auf mit Kakao bestäubten Tellern.

Mini-Cupcakes
mit Schokoladencreme

INTENSIVER SCHOKOGESCHMACK, DER DURCH DIE FEINE SCHOKOCREME
ALS TOPPING NOCH VERSTÄRKT WIRD. ACHTUNG: SUCHTGEFAHR!

Zutaten für 24 Stück

140 g Zartbitter-Schokolade

100 g Butter

100 g Zucker

1 Prise Salz

4 Eier (Größe M)

100 g Mehl

2 geh. EL Kakao

Für die Creme

150 g dunkle Kuvertüre

200 g Sahne

125 g zimmerwarme Butter

100 g Puderzucker

besonderes Werkzeug

• 24er-Muffinblech
• Papierbackförmchen

Zeitbedarf

• 40 Minuten
• 15 – 18 Minuten backen

So geht's

1. Papierförmchen in die Mulden setzen oder jede Mulde gründlich mit Butter ausfetten. Den Backofen auf 200 °C (Umluft 180 °C) vorheizen. Schokolade in kleine Stücke brechen und zusammen mit der Butter bei milder Hitze schmelzen. Etwas abkühlen lassen.

2. Inzwischen Zucker, Salz und Eier mit den Schneebesen des Handrührgeräts oder in der Küchenmaschine zu einer hellen Creme aufschlagen. Mehl und Kakao über die Eiermasse sieben, sorgfältig unterheben. Zum Schluss die Schoko-Butter-Mischung zügig unterrühren.

3. Teig mit einem Teelöffel in die Förmchen verteilen. Im heißen Ofen 15 – 18 Minuten backen. Kurz im Blech abkühlen lassen, dann aus der Form lösen und auf einem Kuchengitter vollkommen erkalten lassen.

4. Die Kuvertüre grob hacken. Die Sahne aufkochen, vom Herd nehmen und die Kuvertüre darin schmelzen. In einer Schüssel die Butter schaumig rühren, Puderzucker dazugeben und weitere 2 – 3 Minuten auf höchster Stufe cremig rühren.

5. Die abgekühlte Schokosahne unter ständigem Rühren unter die Buttercreme mischen. Die Creme in einen Spritzbeutel mit Sterntülle füllen und die Mini-Cupcakes damit verzieren. Bis zum Servieren kalt stellen. Im Kühlschrank halten sich die Cupcakes mit Folie abgedeckt 3 – 4 Tage.

Das Rezept kann auch in einem 12er-Muffinblech oder in einer Springform mit 26 – 28 cm Durchmesser zubereitet werden. Die Backzeit bleibt gleich.

Schokokipferln
richtig schön mürb

DAS FORMEN DER KIPFERLN BRAUCHT ZWAR ETWAS ZEIT, DAFÜR ZER-
GEHEN DIE KLEINEN HÖRNCHEN DANN SPÄTER NUR SO AUF DER ZUNGE!

Zutaten für ca. 60 Stück

200 g dunkle Kuvertüre

140 g zimmerwarme Butter

100 g Zucker

1 Pck. Vanillezucker

1 Eiweiß (Größe M)

220 g Mehl

Zeitbedarf
• 40 Minuten
• 10 – 20 Minuten kühlen
• 15 – 18 Minuten backen

So geht's

1. Die Kuvertüre fein hacken und bei milder Hitze im Wasserbad schmelzen. Etwas abkühlen lassen. Die Butter mit den
   Schneebesen des Handrührgeräts ganz schaumig schlagen.
   Den Zucker, Vanillezucker und das Eiweiß zufügen, alles zu
   einer cremigen Masse schlagen.

2. Das Mehl und 100 g der flüssigen Kuvertüre dazugeben,
   unterrühren, dann mit den Händen zu einem weichen Teig
   verkneten. Sollte er zu klebrig sein, noch etwas Mehl unterkneten. Vier Rollen formen und kurz kalt stellen.

3. Den Backofen auf 180 °C (Umluft 160 °C) vorheizen. Das
   Blech mit Backpapier belegen. Jede Teigrolle in 15 Stücke
   teilen. Zwischen den Handflächen zu spitz zulaufenden Röllchen formen und diese dann zu Hörnchen geformt auf das
   Blech legen. Im heißen Ofen 15 – 18 Minuten backen.

4. Die Kipferln auf Kuchengitter setzen und abkühlen lassen.
   Die übrige Kuvertüre noch einmal erwärmen. Die Kipferln
   jeweils zur Hälfte eintauchen, wieder auf ein Kuchengitter
   setzen und trocknen lassen.

KÜCHENTRICK

*Da der Teig viel Butter und Schokolade enthält, laufen die Kipferln
beim Backen sehr leicht etwas auseinander. Das hilft: Das Blech
mit den geformten Kipferln vor dem Backen nochmals für
30 Minuten kalt stellen.*

Doppelkekse
mit Nougatfüllung

DIE SOLLTE MAN IMMER IM VORRAT HABEN! FÜR ÜBERRASCHUNGS-
GÄSTE, ZUM ESPRESSO, ALS SPONTANES MITBRINGSEL ODER EINFACH
FÜR ZWISCHENDURCH ALS SEELENTRÖSTER.

Zutaten für ca. 30 Stück

300 g Mehl

150 g Puderzucker

200 g kalte Butter

2 geh. EL Kakao

1 Ei (Größe M)

1–2 EL Sahne

Für die Füllung

200 g Nougatmasse

3 EL Krokantstreusel

2 EL Crème fraîche

75 g dunkle Kuvertüre zum
Verzieren

besonderes Werkzeug
· Ausstechformen

Zeitbedarf
· 1 Stunde
· 1–2 Stunden kühlen
· 10–12 Minuten backen

So geht's

1. Mehl, Puderzucker, klein geschnittene Butter, Kakao und Ei
   auf die Arbeitsfläche häufen. Einen Esslöffel Sahne darüber
   träufeln. Alles mit einem großen Messer durchhacken.
   Dann mit den Händen rasch zu einem festen Teig verkneten,
   dabei eventuell noch etwas Sahne zufügen. In Folie gewickelt
   1–2 Stunden kalt stellen.

2. Den Backofen auf 180 °C (Umluft 160 °C) vorheizen. Das
   Blech mit Backpapier belegen. Den Teig auf wenig Mehl
   2–3 mm dick ausrollen. Kekse ausstechen und auf das
   Blech legen. 10–12 Minuten backen. Mitsamt dem Papier
   vom Blech auf ein Kuchengitter ziehen und abkühlen lassen.

3. Die Nougatmasse im Wasserbad erwärmen und glatt rühren.
   Die Krokantstreusel in eine kleine Plastiktüte füllen, mit
   dem Nudelholz darüberrollen und sie dadurch fein zerbröseln. Mit der Crème fraîche unter den Nougat rühren.

4. Jeweils 2 Kekse mit der Nougatcreme füllen und aufeinandersetzen. Die Kuvertüre fein hacken und in einen kleinen
   Plastikbeutel füllen. Gut verschließen und die Kuvertüre
   im heißen Wasserbad schmelzen. An einer Tütenecke eine
   winzige Spitze abschneiden. Die Kekse dicht nebeneinander-
   legen und mit feinen Schokolinien verzieren.

SO GEHT'S AUCH

*Wer es eilig hat, kann die Nougatcreme auch durch eine fertig
gekaufte Nuss-Nougat-Creme ersetzen. Besonders gut passt als
Füllung auch eine Mandel-Tonka-Creme, die es als Brotaufstrich
im Reformhaus oder Naturkostladen gibt.*

Whoopie-Pies
mit Sahnefüllung

EIN BISSCHEN ERINNERN DIE FLACHEN KLEINEN TEILCHEN AN
DIE KLASSISCHEN AMERIKANER DER 60ER JAHRE. JETZT KOMMT
ZUM FLUFFIGEN TEIG NOCH EINE FEINE FÜLLUNG.

Zutaten für ca. 20 Stück

175 g zimmerwarme Butter

150 g Zucker

1 Prise Salz

2 Eier (Größe M)

250 g Mehl

1 geh. TL Backpulver

50 g Kakao

100 ml Milch

Für die Füllung

2 EL Sofort-Gelatine

2 TL Vanillezucker

200 ml Sahne

nach Belieben 1 Schuss Kirschwasser oder Orangenlikör

besonderes Werkzeug
• Spritzbeutel mit Lochtülle

Zeitbedarf
• 40 Minuten
• 10 Minuten backen

So geht's

1. Den Backofen auf 200 °C (Umluft 180 °) vorheizen. Das Backblech mit Backpapier belegen. Die Butter mit den Schneebesen des Handrührgeräts oder in der Küchenmaschine ganz schaumig rühren. Zucker, Salz und Eier zufügen und weiterschlagen, bis eine dicke Creme entstanden ist.

2. Mehl, Backpulver und Kakao vermischen. Abwechselnd mit der Milch unter die Buttermasse rühren. Je 1 TL Teig mit Abstand auf das Blech geben (ergibt 2 Bleche à 20 Häufchen). Im heißen Ofen knapp 10 Minuten backen. Mitsamt dem Papier vom Blech ziehen und abkühlen lassen.

3. Für die Füllung die Gelatine mit dem Zucker vermischen. Die Sahne steif schlagen, dabei die Zuckermischung einrieseln lassen. Eventuell mit Kirschwasser oder Orangenlikör parfümieren. Die Masse in einen Spritzbeutel mit großer Lochtülle füllen.

4. Die Hälfte der Whoopies umdrehen und auf der Unterseite spiralförmig mit der Creme bespritzen. Andere Hälften auflegen und ganz leicht andrücken. Vor dem Servieren eventuell noch mit Puderzucker bestäuben. Gekühlt halten sich die Whoopies 1 – 2 Tage, die ungefüllten Hälften 1 Woche.

Aus den angegebenen Zutaten lassen sich auch 12 größere Whoopies backen. Dann jeweils einen knappen Esslöffel Teig aufs Blech geben und ca. 12 Minuten backen.

AUCH SEHR LECKER

Für helle Whoopies den Kakao weglassen und stattdessen 50 g geschälte gemahlene Mandeln unterrühren. Nach Belieben den Teig oder die Füllung noch mit 2 EL Mandellikör aromatisieren.

Zum Dahinschmelzen

Backen mit Schokolade

DAS WICHTIGSTE ZUALLERERST: KAUFEN SIE SCHOKOLADE ODER KUVER-
TÜRE VON WIRKLICH GUTER QUALITÄT UND KEINE BILLIGWARE. DENN
NUR MIT GUTEN AUSGANGSPRODUKTEN LASSEN SICH ALLERFEINSTE
KÖSTLICHKEITEN BACKEN.

ZERKLEINERN

In den Rezepten wird Schokolade oder Kuvertüre vor dem Schmelzen immer zerkleinert. Da
denken sich viele: Die Extra-Arbeit kann man
sich doch sparen, große Brocken tun's auch,
wird ja eh alles geschmolzen. Aber das Zerkleinern hat durchaus seinen Sinn, denn zer-
kleinerte Schokolade schmilzt schneller und
auch viel gleichmäßiger als unterschiedlich
große Teile. Denn bis dann auch die größten
Stücke geschmolzen sind, wird der schon flüssige Rest viel zu heiß und bildet unschöne und
auch geschmacklich störende, weil leicht an-
geröstete Klümpchen. Ich kann also wirklich
nur empfehlen: Machen Sie sich die Mühe.
Am besten hacken Sie die Schokolade mit
einem großen Messer möglichst fein. Reiben
geht zwar auch, doch durch die Wärme, die
beim Reiben entsteht, fängt die Schokolade
schon an zu schmelzen und das Ganze wird
eine recht schmierige Angelegenheit.

SCHMELZEN

Das Schmelzen geschieht am besten in einem
heißen Wasserbad. Dazu eine passende Schüssel, die unbedingt hitzebeständig sein muss, in
einen Topf mit etwas kochendem Wasser setzen. Sie sollte nicht im Wasser schwimmen,
sondern am Topfrand aufliegen und das Wasser gar nicht berühren. Das Wasser nur leise
köcheln lassen und darauf achten, dass kein
Wasser übersprudelt und in die Schokolade
oder Kuvertüre spritzt. Denn auch dadurch
kann es kleine Klümpchen geben.

Auch in der Mikrowelle kann Schokolade
und Kuvertüre geschmolzen werden. Dafür
Schokolade oder Kuvertüre zuvor zerkleinern
und bei nicht zu hohen Wattzahlen arbeiten.
Zwischen durch immer wieder umrühren. Am
besten ziehen Sie die Gebrauchsanleitung Ihres
Gerätes zu Rate, um Watt-Zahl und Zeit möglichst passend einzustellen.

ÜBERZIEHEN

Für einen makellosen Überzug wird die geschmolzene Kuvertüre ganz großzügig über
das Gebäck gegossen und dann mit einem warmen Messer glatt gestrichen. Dabei tropft viel
Kuvertüre wieder ab. Deshalb: Immer ein großes Stück Backpapier unter den Kuchenrost
legen. Aufgefangene Schokotropfen trocknen
lassen, dann können sie ganz leicht abgelöst, in
einem Glas aufbewahrt und später wieder ein-
geschmolzen werden.

DEKORIEREN UND VERZIEREN

Für eine besonders schöne Schoko-Deko kann
geschmolzene Kuvertüre auf Backpapier oder
Alufolie gegossen werden. Mit einer Palette
möglichst dünn verstreichen und trocknen lassen. Mit einem warmen Messer dann in Rechtecke, Dreiecke oder Streifen schneiden. Für
Schokoröllchen die Schokolade direkt auf der
Arbeitsfläche oder einer großen Marmor- oder
Porzellanplatte dünn ausstreichen, dann mit
einem Spatel abschaben, so dass besonders
schöne breite Schokoraspel entstehen. Die
Schoko-Dekors lassen sich zwischen Backpapier geschichtet in fest schließenden Dosen
sehr gut aufbewahren.

RESTE RETTEN

Beim Schmelzen bleibt immer ein Rest Schokolade im Schälchen zurück. Eine Tasse kochend
heiße Milch hineingießen und eventuell noch
ein wenig Kakaopulver oder einen Schuss Rum
oder Amaretto zufügen. Gut umrühren – fertig
ist die heiße Schokolade und das Schälchen ist
auch schon wieder sauber.

American Cookies
mit dreierlei Schokolade

AUSSEN LEICHT KNUSPRIG UND INNEN GANZ WEICH – SO MÜSSEN
DIE TYPISCH AMERIKANISCHEN COOKIES SEIN. DER HOHE GEHALT AN
SCHOKOLADE SORGT FÜR EXTRA VIEL GESCHMACK!

Zutaten für ca. 16 Stück

je 75 g weiße, helle und dunkle
Kuvertüre oder Schokolade

250 g zimmerwarme Butter

je 100 g brauner und
weißer Zucker

1 Pck. Vanillezucker

¼ TL Salz

2 Eier (Größe M)

1 TL Natron

275 g Mehl

Zeitbedarf

• 20 Minuten
• ca. 8 Minuten backen

So geht's

1. Die Kuvertüre oder Schokolade in kleine Stücke hacken. Die
   Butter mit den Schneebesen des Handrührgeräts oder in der
   Küchenmaschine schaumig rühren. Zucker, Vanillezucker
   und Salz zufügen und unterrühren. Die Eier dazugeben und
   alles in weiteren 2–3 Minuten cremig schlagen.

2. Den Backofen auf 200 °C (Umluft 180 °C) vorheizen. Das Natron mit 3 EL Mehl vermischen. Übriges Mehl unter den Teig
   rühren, dann erst die Mehl-Natron-Mischung unterrühren,
   bis ein zäher fester Teig entstanden ist. Ganz zum Schluss
   die Kuvertüre oder Schokolade unterkneten.

3. Das Backblech mit Backpapier belegen. Jeweils 1 EL Teig
   mit großem Abstand auf das Blech setzen, denn beim Backen läuft der Teig stark auseinander. Im heißen Ofen ca.
   8 Minuten backen. Mitsamt dem Backpapier vorsichtig vom
   Blech ziehen, abkühlen lassen, dann erst vom Papier ablösen. Gut verpackt und kühl aufbewahrt halten sich die
   Cookies 10–14 Tage.

Farmland Cookies

Schokolade mit Biss

WENN DER GROSSE SCHOKOHUNGER KOMMT, SIND DIESE COOKIES FIX GEMACHT. MIT NÜSSEN, TROCKENFRÜCHTEN UND GEWÜRZEN KANN DER GRUNDTEIG DANN GANZ UNTERSCHIEDLICH VARIIERT WERDEN.

Zutaten für ca. 20 Stück

- 250 g Butter
- 325 g brauner Zucker
- 1 gute Prise Salz
- 1 Ei (Größe M)
- 375 g Mehl
- 3 EL Kakao
- 1 geh. TL Backpulver
- 150 g Walnusskerne
- 1 Prise gemahlener Piment

Zeitbedarf
- 20 Minuten
- 8–10 Minuten backen

So geht's

1. Die Butter bei milder Hitze schmelzen. Zucker, Salz und das Ei unterrühren. Das Mehl mit dem Kakao und dem Backpulver vermischen und zufügen. Alles zu einem zähen Teig verarbeiten.

2. Den Backofen auf 180 °C (Umluft 160 °C) vorheizen. Das Backblech mit Backpapier belegen. Die Walnüsse grob hacken. Zusammen mit dem Piment unter den Teig kneten. Je einen Esslöffel Teig mit großem Abstand auf das Blech setzen – pro Blech nicht mehr als 8 Cookies. Im heißen Ofen 8–10 Minuten backen.

3. Die Cookies mit dem Papier vom Blech ziehen und abkühlen lassen. Dann erst vom Papier ablösen, da sie warm noch sehr zerbrechlich sind. Die abgekühlten Cookies gut in fest schließende Dosen verpacken und an einem kühlen Ort aufbewahren, dann halten sie sich 8–10 Tage.

AUCH SEHR LECKER

Nach diesem Rezept lassen sich immer wieder neue Cookie-Varianten backen. Ersetzen Sie die Walnüsse durch andere Nüsse, Cranberrys, Rosinen oder Schokolade oder experimentieren Sie mit Gewürzen wie Zimt, Vanille, Ingwer oder Lebkuchengewürz.

Gefällt Ihnen unsere Tischdeko im Tortenspitzen-Design? Die ist ganz schnell selbst gemacht: Tortenspitze auf ein Stück Leinenstoff legen, Wand- oder Plakafarbe mit einem Schwämmchen auftupfen und die Tortenspitze wieder abziehen. Gut trocknen lassen – fertig.

Pralinentörtchen
kalt gebacken

AUF DEN KNUSPERBODEN AUS SCHOKOLADE UND CORNFLAKES
WIRD SCHOKOCREME GEFÜLLT. UND GEBACKEN WERDEN DIE WINZIGEN
TÖRTCHEN GANZ EINFACH IM KÜHLSCHRANK.

Zutaten für 24 Stück

100 g gezuckerte Cornflakes

60 g Butter

100 g Schokoraspeln

Für die Creme

110 g dunkle Kuvertüre

65 g Butter

2 Eigelb (Größe M)

40 g Zucker

50 ml Sahne

evtl. Zuckerperlen zum Verzieren

besonderes Werkzeug
• 24er-Muffinblech

Zeitbedarf
• 40 Minuten
• 30 Minuten kühlen

So geht's

1. Die Cornflakes in eine Plastiktüte füllen. Gut verschließen und auf die Arbeitsfläche legen. Mit dem Nudelholz mehrmals darüberrollen, bis die Cornflakes krümelig sind.

2. Die Butter bei milder Hitze schmelzen. In einer Schüssel mit den Schokoladenraspeln und den Cornflakes vermischen. Auf die Mulden verteilen und mit einem Teelöffel fest hineindrücken.

3. Die Kuvertüre fein hacken, zusammen mit der Butter im Wasserbad schmelzen. Die Eigelbe mit dem Zucker in 3 – 4 Minuten zu einer hellen schaumigen Creme schlagen. Die geschmolzene Butter, die Kuvertüre und die Sahne unterrühren.

4. Die Schokocreme auf den Knusperböden verteilen. Die Oberfläche mit einem Teelöffel glatt streichen. Dabei den Löffel eventuell immer wieder in heißes Wasser tauchen. Die Oberfläche nach Belieben mit farbigen Zuckerperlen verzieren.

5. Das Blech in den Kühlschrank stellen und die Creme fest werden lassen. Die Törtchen vor dem Servieren rundum mit einem warmen Messer lösen und herausheben.

Das Rezept lässt sich auch in einer 12er-Muffinform oder in einer Springform mit 26 – 28 cm Durchmesser zubereiten.

Schoko-Küchlein
mit süßer Botschaft

VOR ALLEM KINDER SIND VON DEN KLEINEN KUCHEN BEGEISTERT. UND STREIT ÜBER UNGERECHT VERTEILTE VERSCHIEDEN GROSSE KUCHENSTÜCKE KOMMT DA ERST GAR NICHT AUF.

Zutaten für 8 Stück

75 g Butter

3 Eier (Größe M)

100 g Zucker

1 Pck. Vanillezucker

1 Prise Salz

75 g Mehl

50 g Speisestärke

1 geh. EL Kakao

100 g helle oder dunkle Kuvertüre

weiße Zuckerschrift (Fertigprodukt)

besonderes Werkzeug
• Blech oder Papierbackförmchen für kleine Kastenkuchen (ca. 10 x 5 cm)

Zeitbedarf
• 40 Minuten
• 30 Minuten backen

So geht's

1. Die Butter bei milder Hitze zerlassen. Die Förmchen mit etwas Butter ganz sorgfältig auspinseln. Den Backofen auf 180 °C (Umluft 160 °C) vorheizen.

2. Die Eier trennen. Eigelbe mit Zucker und Vanillezucker mit den Schneebesen des Handrührgeräts oder in der Küchenmaschine ganz schaumig schlagen. Die Eiweiße mit dem Salz ganz steif schlagen. Das Mehl, die Speisestärke und den Kakao über die Eiercreme sieben, die Butter darüberträufeln. Sorgfältig unterheben, dann den Eischnee unterziehen.

3. Den Teig auf die Förmchen verteilen. Im heißen Ofen ca. 30 Minuten backen. Kurz in der Form abkühlen lassen, dann noch warm herauslösen. Auf Kuchengitter setzen und abkühlen lassen.

4. Die Kuvertüre fein hacken und im Wasserbad schmelzen. Die Küchlein damit überziehen, dabei die Glasur entweder mit einem Pinsel auftragen oder mit einem Teelöffel verteilen. Vollkommen trocknen lassen. Dann mit der Zuckerschrift verzieren. Die Küchlein halten sich 3–4 Tage.

Die Teigmenge reicht auch für eine größere Kastenform mit ca. 20 cm Länge. Die Backzeit erhöht sich dann auf 40 Minuten.

Beschriften Sie die Küchlein mit den Namen der Gäste, dann können Sie die kleinen Kuchen als Platzkärtchen verwenden. Witzig auf einer großen Tafel: Eine Botschaft oder ein Geburtstagswunsch, der aus den einzelnen Küchlein zu einem ganzen Satz gelegt wird.

*Ein bisschen schlichte Deko darf es schon sein.
Überstäuben Sie die Törtchen mit etwas Kakao
oder garnieren Sie sie mit Borkenschokolade wie
hier. Falls ein bisschen von der Mousse übrig
bleibt, diese in einen Spritzbeutel füllen und
winzige Tupfen auf die Törtchen spritzen.*

Mousse-Törtchen

sahnig-locker

AN SICH SCHMECKT SCHON DER SCHOKOLADENBODEN PUR GANZ
FABELHAFT. MIT DER SCHNELLEN MOUSSE AU CHOCOLAT WERDEN
DIE TÖRTCHEN KONDITORFEIN.

Zutaten für 8 Stück

200 g Zartbitter-Schokolade

100 g zimmerwarme Butter

100 g Zucker

1 Pck. Vanillezucker

3 Eier (Größe M)

2 geh. EL Mehl

1 Prise Salz

Für die Mousse

250 g Zartbitter-Schokolade

6 Eier (Größe M)

100 g Zucker

¼ l Sahne

nach Belieben 1 Schuss
Kirschwasser oder Rum

besonderes Werkzeug

• Dessert-Ringe (Ø 8 cm)

Zeitbedarf

• 1 Stunde
• 15 – 20 Minuten backen
• 2 Stunden kühlen

So geht's

1. Die Schokolade grob hacken und bei milder Hitze schmelzen. Die Butter mit den Schneebesen des Handrührgeräts oder in der Küchenmaschine ganz schaumig rühren. Zucker und Vanillezucker zufügen, die Eier trennen und die Eigelbe ebenfalls zufügen. Alles zu einer dicken hellen Creme rühren.

2. Den Backofen auf 180 °C (Umluft 160 °C) vorheizen. Ein Backblech mit Backpapier belegen. Die Dessert-Ringe dicht an dicht darauf verteilen. Das Mehl über die Crememasse sieben, zusammen mit der Schokolade zügig unterrühren.

3. Die Eiweiße mit dem Salz ganz steif schlagen und sorgfältig unterheben. Den Teig in die Ringe verteilen. Im heißen Ofen 15 – 20 Minuten backen. Auf dem Blech abkühlen lassen.

4. Die Schokolade grob hacken und bei milder Hitze schmelzen. Die Eier für die Mousse trennen und die Eigelbe mit dem Zucker in 3 – 4 Minuten zu einer hellen Creme aufschlagen. Die Eiweiße ganz steif schlagen und kalt stellen. Die Sahne ebenfalls steif schlagen und kühlen.

5. Zuerst die geschmolzene Schokolade unter die Eiermasse rühren, dann zügig Eischnee und zum Schluss die Sahne unterheben, da die Schokolade sehr schnell fest wird. Die Mousse eventuell mit etwas Kirschwasser oder Rum parfümieren. In die Ringe verteilen und glatt streichen. Für mindestens 2 Stunden kalt stellen. Zum Servieren den Rand mit einem warmen Messer lösen und die Ringe nach oben abziehen. Diese Törtchen halten sich luftdicht verpackt im Kühlschrank 3 – 4 Tage.

Das Rezept reicht auch für eine große Springform mit
26 – 28 cm oder 3 kleine mit 16 – 18 cm Durchmesser.

Cake-Pops
aus Kuchenresten

AUCH VOM BESTEN RÜHRKUCHEN BLEIBT MANCHMAL WAS ÜBRIG. DAS IST DIE GROSSE CHANCE ZUR RESTEVERWERTUNG DER FEINSTEN ART! VIEL SPASS BEIM DEKORIEREN …

Zutaten für ca. 20 Stück

400 g Rührkuchen

2–3 EL Fruchtsaft

100 g Frischkäse

200 g helle oder dunkle Kuvertüre

Liebesperlen, Schoko- oder Krokantstreusel zum Verzieren

besonderes Werkzeug
• 10 Schaschlikspieße

Zeitbedarf
• 30 Minuten
• 30 Minuten kühlen

So geht's

1. Die Kuchenreste grob zerkleinern, dann mit einer Gabel in einer Schüssel zerkrümeln. Saft darüberträufeln und den Frischkäse zufügen. Alles mit der Gabel zu einem feuchten formbaren Teig vermischen. 20 Kugeln daraus formen, auf einem Teller kalt stellen.

2. Die Kuvertüre fein hacken. Im heißen Wasserbad schmelzen. Die Holzspieße halbieren, so dass sie 10–12 cm lang sind. Jeden Spieß an einer Seite in die Kuvertüre tauchen und in eine Kugel stecken. Nochmals kalt stellen, damit die Kuvertüre fest werden kann und der Spieß fest sitzt.

3. Die Kuvertüre eventuell nochmals erwärmen. Die Kugeln eintauchen und vollkommen mit Kuvertüre überziehen. Ein wenig antrocknen lassen, dann mit Liebesperlen etc. verzieren. In ein mit Zucker gefülltes Glas stecken, damit die Kuvertüre ganz trocknen kann.

BESONDERS HÜBSCH

Lassen Sie beim Verzieren der Cake-Pops Ihre Fantasie spielen. Verwenden Sie weiße, Vollmich- oder Zartbitter-Kuvertüre oder auch mal eine Puderzuckerglasur (200 g Puderzucker mit Zitronensaft oder Fruchtsirup zu einem dickflüssigen Guss glattrühren). Auf hell überzogene Cake-Pops mit dunkler Kuvertüre ein Muster aufspritzen und umgekehrt.

Cake-Pops
frisch gebacken

MIT DEN NEUEN FORMEN AUS SILIKON LASSEN SICH DIE KUGEL-
RUNDEN POPS AUCH GANZ EINFACH BACKEN, SO MUSS MAN NICHT
ERST AUF KUCHENRESTE WARTEN!

Zutaten für 20 Stück

80 g zimmerwarme Butter
60 g Zucker
1 Prise Salz
abgeriebene Schale von ¼ Bio-Zitrone
2 Eier (Größe M)
140 g Mehl
1 TL Backpulver
200 g weiße oder helle Kuvertüre
Gebäckschmuck zum Verzieren

besonderes Werkzeug
• Cake-Pop-Maker (zweiteilige Silikonform)
• 10 Schaschlikspieße aus Holz

Zeitbedarf
• 40 Minuten
• 20 Minuten backen
• 30 Minuten kühlen

So geht's

1. Den Backofen auf 180 °C (Umluft 160 °C) vorheizen. Die Butter mit den Schneebesen des Handrührgeräts oder in der
Küchenmaschine schaumig rühren. Zucker, Salz, Zitronenschale kurz mitrühren, dann nacheinander die Eier zufügen.
Weiterschlagen, bis eine helle Creme entstanden ist.

2. Mehl und Backpulver vermischen und über die Masse sieben. Sorgfältig unterrühren. Eine Hälfte der Form auf das
Blech legen. Den Teig in die Form füllen, das Gegenstück
auflegen. Die Pops im heißen Ofen 20 Minuten backen. In der
Form etwas abkühlen lassen, dann herauslösen und vollkommen auskühlen lassen.

3. Die Kuvertüre fein hacken und im heißen Wasserbad bei milder Hitze schmelzen. Die Spieße halbieren, mit einer Spitze
in die Kuvertüre tauchen und gleich in eine Kugel stecken.
Kurz kalt stellen, damit die Kuvertüre fest werden kann.

4. Die Pops in die restliche Kuvertüre tauchen, dabei das
Schälchen etwas schräg halten, dann lassen sich die Kugeln
gut rundum überziehen. Abtropfen lassen und dann zum
Trocknen in ein mit Reis oder Zucker gefülltes Glas stellen.
Solange die Glasur noch weich ist, die Verzierungen auf-
streuen oder andrücken. Gut trocknen lassen.

nussig

Jetzt wird's knackig, knusprig, kernig:
Mit Haselnüssen, Mandeln und Walnüssen
bekommen Törtchen, Küchlein und
Tartelettes den richtigen Biss.

Walnuss-Törtchen

mit Sahne-Krokant-Creme

KNUSPRIGE KEKSUNTERLAGE, LUFTIGER BISKUIT UND EINE
SAHNECREME MIT WALNUSSKROKANT – EIN BISSCHEN AUFWAND
MUSS MANCHMAL EINFACH SEIN!

Zutaten für 8 Stück

100 g Waffelröllchen

50 g Butter

100 g weiße Kuvertüre

3 Eier (Größe M)

90 g Zucker, 1 Prise Salz

50 g Mehl, 50 g gem. Walnüsse

1 geh. EL Speisestärke

2 gestr. TL Backpulver

Für die Füllung

100 g Walnusskerne

75 g Zucker, 300 ml Sahne

1 Pck. Vanillezucker

3 EL Sofort-Gelatine

2-3 EL Nusslikör, 4 EL Konfitüre

besonderes Werkzeug

• Dessertringe (Ø 8–9 cm)

Zeitbedarf

• 1 Stunde
• ca. 14 Minuten backen

So geht's

1. Die Ringe auf ein mit Backpapier belegtes Blech setzen. Die Waffelröllchen fein zerkrümeln. Butter zerlassen, die gehackte Kuvertüre darin auflösen. Kekskrümel einrühren, Masse in die Ringe verteilen, glattdrücken und kühlen.

2. Den Backofen auf 180 °C (Umluft 160 °C) vorheizen. Für den Biskuit die Eier mit Zucker und Salz zu einer cremigen Masse schlagen. Mehl, Walnüsse, Speisestärke und Backpulver vermischen und unter die Eiercreme heben.

3. Die Krümelböden aus den Ringen lösen. Ringe säubern und wieder aufs Blech setzen. Den Teig einfüllen und im heißen Ofen ca. 14 Minuten backen. Mit einem Messer rundum lösen, Ringe abziehen und Biskuitböden abkühlen lassen.

4. Die Walnusskerne grob hacken. Den Zucker in einer Pfanne schmelzen, bis er leicht anfängt zu bräunen. Nüsse zufügen, gut vermischen und alles möglichst dünn auf ein Stück Alufolie gießen. Sobald die Masse fest ist, in Stücke brechen, diese in eine Plastiktüte füllen und mit dem Nudelholz darüber rollen, bis feine Krokantkrümel entstanden sind.

5. Die Sahne steif schlagen, Zucker und Gelatine einrühren. Zum Schluss den Krokant unterheben. Die Krümelböden in die Ringe zurücksetzen. Mit der Konfitüre bestreichen, die Biskuitböden einmal quer halbieren und je einen Boden auflegen. Sahne darauf verteilen, den zweiten Boden aufsetzen. Zum Festwerden für ca. 30 Minuten kühl stellen. Vor dem Servieren vorsichtig aus den Ringen lösen und nach Belieben mit Puderzucker überstäuben.

3

KÜCHENTRICK

Wer keine Dessertringe hat, backt den Biskuit einfach auf einem großen, mit Backpapier belegten Blech und sticht dann mit einem Glas Kreise aus. Die Törtchen werden dann „freihand" zusammengesetzt. Oder die Törtchen in kleine Weckgläser mit weiter Öffnung schichten.

AUCH SEHR LECKER

Noch besser schmecken die Mandelblätt-chen, wenn man sie zuvor in einer Pfanne ganz ohne Fett leicht anröstet. Vor dem Verwenden gut abkühlen lassen!

Mandel-Cupcakes
mit Frischkäse-Topping

ZUM ZARTEN MANDELTEIG PASST DIE ERFRISCHENDE CREME
AUS FRISCHKÄSE GANZ WUNDERBAR. FARBE UND AROMA GIBT
DABEI EIN GRANATAPFELSIRUP.

Zutaten für 12 Stück

100 g gemahlene Mandeln

75 g Zucker

50 g Mehl

½ TL Backpulver

2 Eier (Größe M)

5 EL Milch

1 Prise Salz

Für die Creme

200 g Frischkäse

100 g Schmand

2 EL Puderzucker

3–4 EL Granatapfelsirup

30 g Mandelblättchen

besonderes Werkzeug
• 12er-Muffinblech
• Papierbackförmchen
• Spritzbeutel mit Sterntülle

Zeitbedarf
• 30 Minuten
• 30 Minuten backen

So geht's

1. Den Backofen auf 180 °C (Umluft 160 °C) vorheizen. Die Papierförmchen in das Muffinblech setzen. In einer Schüssel Mandeln, Zucker, Mehl und Backpulver vermischen. Die Eier trennen. Eigelbe und Milch unter die Mischung rühren.

2. Die Eiweiße mit Salz ganz steif schlagen. Zuerst ein Drittel des Eischnees unterheben, dann den Rest unter den Teig ziehen. In die Papierförmchen füllen. Im heißen Ofen ca. 30 Minuten backen. Kurz in der Form ruhen lassen, dann herauslösen und auf einem Gitter abkühlen lassen.

3. Frischkäse, Schmand und Puderzucker mit einem Schneebesen glatt rühren. Den Sirup nach und nach unterrühren, dabei darauf achten, dass die Creme nicht zu flüssig wird. Creme in einen Spritzbeutel mit großer Sterntülle füllen und die Cupcakes mit einem großen Tupfen verzieren. Mit den Mandelblättchen bestreuen. Kühl stellen und auch gut gekühlt servieren.

Die Teigmenge reicht auch für eine mittlere Springform mit 24–26 cm Durchmesser.

Nussknacker

mit Walnüssen

BUTTERIGER MÜRBTEIG, ZITRONENGLASUR UND SCHÖNE WALNUSS-HÄLFTEN – FERTIG SIND DIE UNKOMPLIZIERTEN KEKSE.

Zutaten für ca. 45 Stück

300 g Mehl

125 g Zucker

200 g kalte Butter

1 Prise Salz

abgeriebene Schale von ½ Bio-Zitrone

1 Ei (Größe M)

Für den Belag

150 g Puderzucker

2–3 EL Zitronensaft

ca. 45 Walnusshälften

Zeitbedarf

• 40 Minuten
• 1 Stunde kühlen
• 10–12 Minuten backen

So geht's

1. Mehl, Zucker und klein geschnittene Butter auf die Arbeitsfläche häufen. Salz, Zitronenschale und Ei darauf geben. Mit einem großen Messer gründlich durchhacken. Die Brösel rasch mit den Händen zu einem festen Mürbteig verkneten. In Folie gewickelt 1 Stunde kalt stellen.

2. Den Backofen auf 200 °C (Umluft 180 °C) vorheizen. Ein Blech mit Backpapier belegen. Den Teig auf wenig Mehl 0,5 cm dick ausrollen. Beliebig geformte Plätzchen mit ca. 6 cm Durchmesser ausstechen und aufs Blech legen. In 10–12 Minuten goldgelb backen. Kekse mitsamt dem Papier vom Blech auf ein Kuchengitter ziehen und abkühlen lassen.

3. Den Puderzucker mit so viel Zitronensaft glatt rühren, dass ein dickflüssiger Guss entsteht. Je einen Klecks Glasur in die Mitte der Kekse geben, eine Walnusshälfte eindrücken. Die Glasur vollkommen trocknen lassen. Dann erst eventuell verpacken. Kühl aufbewahrt halten sich die Kekse 8–10 Tage, sie werden durch das Lagern jedoch weicher.

AUCH SEHR LECKER

Jeweils zwei Plätzchen mit einem Klecks Mandel-Tonka-Creme (aus dem Naturkostladen oder dem Reformhaus) oder fertig gekaufter Nuss-Nougat-Creme zusammenkleben. Dann erst mit Glasur und Walnusshälfte verzieren.

Florentiner
schön knusprig

FLACH, KNUSPRIG UND MIT EINER DÜNNEN SCHICHT SCHOKOLADE –
SO PRÄSENTIEREN SICH DIE FEINEN KEKSE AUS FLORENZ.

Zutaten für ca. 25 Stück

250 g Mandelblättchen

130 g Zucker

30 g Butter

125 ml Sahne

3 gestr. EL Mehl

100 g helle oder dunkle Kuvertüre

Zeitbedarf
- 30 Minuten
- 6 Minuten backen

So geht's

1. In einem Topf Mandelblättchen, Zucker, Butter und Sahne gut vermischen. Bei milder Hitze unter Rühren zum Kochen bringen. 3 Minuten leise köcheln lassen, dann vom Herd nehmen, das Mehl darübersieben und unterrühren.

2. Den Backofen auf 200 °C (Umluft 180 °C) vorheizen. Ein Backblech mit Backpapier belegen. Von der Masse je einen Esslöffel aufs Blech geben und zu einem Kreis mit ca. 8 cm Durchmesser flach drücken. Die Kreise nicht zu dicht nebeneinandersetzen, da der Teig beim Backen noch etwas auseinanderläuft.

3. Im heißen Ofen 5–6 Minuten backen. Mitsamt dem Backpapier auf die Arbeitsfläche ziehen und abkühlen lassen. Die Kekse dann erst vom Papier lösen.

4. Die Kuvertüre fein hacken und im heißen Wasserbad schmelzen. Die Unterseite der Florentiner damit bestreichen. Mit der Schokoladenseite nach oben auf Kuchengitter legen und gut trocknen lassen. Luftdicht verpackt bleiben die Florentiner für 2–3 Wochen schön knusprig.

Mandelhippen
mit Knusper-Sahne

DAS BACKEN DER HIPPEN ERFORDERT EIN WENIG FINGERSPITZENGEFÜHL,
DENN DER TEIG MUSS NOCH GANZ HEISS IN FORM GEBRACHT WERDEN.

Zutaten für ca. 12 Stück

200 g Marzipanrohmasse

1 Ei (Größe M)

50 g Mehl

60 g Zucker

100 ml Sahne

Für die Creme

200 ml Sahne

1 Pck. Vanillezucker

2 EL Mandellikör

75 g Krokantstreusel

zum Verzieren Krokantstreusel,
Schokoraspeln oder geröstete
Mandelstifte

Zeitbedarf
- 40 Minuten
- 4 – 5 Minuten backen

So geht's

1. Den Backofen auf 180 °C (Umluft 160 °C) vorheizen. Das Backblech mit Backpapier belegen. Einige Tassen oder kleine Schälchen und eine Palette zum Ablösen der Teigplatten bereitstellen.

2. Die Marzipanrohmasse in kleine Würfel schneiden. Dann in einer Schüssel mit einer Gabel möglichst fein zerdrücken. Ei, Mehl, Zucker und Sahne dazugeben und mit einem Schneebesen alles gründlich verrühren.

3. Jeweils einen guten Esslöffel Teig auf das Blech geben, Löffel in Wasser tauchen und den Teig damit zu einem Kreis mit ca. 10 cm Durchmesser ausstreichen. Auf ein Blech je nach Größe 4 – 6 Kreise streichen und 4 – 5 Minuten backen.

4. Teigkreise sofort mit der Palette ablösen und in die Tassen legen, dabei leicht hineindrücken. Abkühlen lassen.

5. Die Sahne steif schlagen, Vanillezucker und Mandellikör zum Schluss unterschlagen. Die Krokantstreusel unterheben. Die Creme erst kurz vor dem Servieren in die Hippen füllen, da der Teig schnell aufweicht. Nach Belieben noch mit weiteren Krokantstreuseln, Schokoraspeln oder gerösteten Mandelstiften verzieren. Ungefüllt lassen sich die Hippenschalen luftdicht in Dosen verpackt 10 – 14 Tage aufbewahren.

KÜCHENTRICK

Man muss sehr schnell arbeiten, da sich der Teig nur gut formen lässt, solange er noch heiß und biegsam ist. Sollte der Teig schon zu fest sein und sich nicht mehr formen lassen, einfach wieder auf das Blech legen und im Ofen noch einmal kurz erwärmen.

BESONDERS HÜBSCH

Aus Resten der Marzipan-
decke kann man kleine Rosen
formen. Dafür mehrere Kreise
von innen nach außen zu einer
Blüte zusammensetzen, zum
Schluss die Blütenblätter
leicht nach außen biegen und
das untere Ende abschneiden.

Marzipantörtchen

fein geschichtet

EIN GEHALTVOLLER MANDELTEIG WIRD NACH BAUMKUCHENART
SCHICHT FÜR SCHICHT GEBACKEN UND DANN MIT EINER DÜNNEN
MARZIPANDECKE UMHÜLLT.

Zutaten für 12 Stück

125 g zimmerwarme Butter

100 g gemahlene Mandeln

100 g Zucker

1 Prise Salz

2 Eier (Größe M)

1 Eigelb (Größe M)

70 g Mehl

70 g Speisestärke

2 – 3 Tropfen Bittermandelöl

Fett für das Muffin-Blech

Für den Überzug

100 g Aprikosenkonfitüre

1 Marzipandecke (Backregal
im Supermarkt)

75 g dunkle Kuvertüre

besonderes Werkzeug
• 12er-Muffinblech

Zeitbedarf
• 1 Stunde

So geht's

1. Den Backofen auf 250 °C vorheizen oder den Grill auf höchs-te Stufe stellen. Die Butter mit den Schneebesen des Hand-rührgeräts oder in der Küchenmaschine schaumig rühren. Mandeln, Zucker und Salz zufügen und unterrühren. Eier und Eigelb dazugeben und den Teig ganz cremig rühren.

2. Mehl und Speisestärke darübersieben, Bittermandelöl dazu-geben. Alles gründlich verrühren. Die Mulden des Muffin-Blechs sorgfältig mit Fett auspinseln. Je einen halben Tee-löffel Teig einfüllen, ca. 2 Minuten backen, bis die Oberfläche ganz leicht gebräunt ist.

3. Nun nach und nach immer eine kleine Menge Teig einfüllen, glatt streichen und backen. Die Törtchen lauwarm vorsichtig mit einem Messer aus der Form lösen und auf einem Ku-chengitter abkühlen lassen.

4. Die Konfitüre glatt rühren, dafür eventuell etwas erwärmen. Die Törtchen damit einpinseln. Die Marzipandecke ausrollen, jeweils genügend große Kreise ausschneiden, mit denen je ein Törtchen ganz überzogen werden kann. Entweder am Rand in Falten legen oder an der Unterseite fest andrücken.

5. Die Kuvertüre fein hacken und in eine kleine Plastiktüte fül-len. Diese gut verschließen und die Kuvertüre bei milder Hit-ze im Wasserbad schmelzen. Eine winzige Ecke abschneiden und die Törtchen mit einem feinen Schokomuster verzieren.

Das Rezept kann auch in einer Springform mit 20 cm Durch-messer gebacken werden.

Walnusskuchen
aus dem Engadin

DER KRÄFTIGE KUCHEN AUS MÜRBTEIG UND KARAMELLISIERTEN NÜSSEN BRAUCHT ZEIT ZUM RUHEN. DENN ERST NACH EINIGEN TAGEN ENTFALTET ER SEIN VOLLES AROMA.

Zutaten für 3 Kuchen

350 g Mehl

250 g kalte Butter

175 g Zucker

1 Prise Salz

1 Ei (Größe M)

Backpapier für die Form

Für die Füllung

350 g Walnusskerne

200 g Zucker

120 ml Sahne

3 EL Honig

1 Eigelb (Größe M)

1 EL Milch oder Sahne

besonderes Werkzeug
• 3 Springformen (Ø 16 – 18 cm)

Zeitbedarf
• 1 Stunde
• 1 – 2 Stunden kühlen
• 35 – 40 Minuten backen

So geht's

1. Mehl, klein geschnittene Butter, Zucker, Salz und Ei auf die Arbeitsfläche häufen. Alles mit einem großen Messer fein bröselig hacken. Anschließend mit den Händen rasch zu einem festen Mürbteig verkneten. In Folie gewickelt 1 – 2 Stunden im Kühlschrank ruhen lassen.

2. Für die Füllung die Walnüsse grob hacken. Den Zucker in einer hohen Pfanne erhitzen, bis er leicht karamellisiert. Nüsse dazugeben und gut unterrühren. Sahne angießen und den Honig zufügen, dabei können sich Klumpen bilden, die sich aber wieder auflösen. Unter Rühren erhitzen und die Masse einmal aufköcheln lassen. Abkühlen lassen.

3. Den Backofen auf 200 °C (Umluft 180 °C) vorheizen. Je ein Stück Backpapier in die Formen einspannen, so dass der Boden bedeckt ist. Den Teig auf wenig Mehl gut 0,5 cm dick ausrollen. Kreise ausschneiden und in die Formen legen.

4. Die Füllung darin verteilen. Den überstehenden Teig auf die Füllung klappen. Restlichen Teig nochmals ausrollen und passgenaue Deckel ausschneiden. Auflegen und an den Rändern leicht festdrücken. Aus Teigresten beliebige Formen ausstechen und auf die Oberfläche legen.

5. Das Eigelb mit Milch oder Sahne gut verquirlen und die Kuchen damit bestreichen. 35 – 40 Minuten backen. Die abgekühlten Kuchen fest in Folie verpacken und an einem kühlen Ort mindestens 8 Tage durchziehen lassen.

Das Rezept kann auch in einer großen Springform mit 26 – 28 cm Durchmesser gebacken werden.

*Kreieren Sie Ihre ganz persönlichen Lieblings-Guglhüpfchen:
Für **Kaffeeküchlein** tauschen Sie die Mandeln gegen gemahlene
Haselnüsse, geben noch 3 EL Haselnusscreme dazu und verwenden statt der Milch 4 EL kalten Espresso. Sehr hübsch sind auch
Marmor-Gugls. Dafür für den Teig 225 g Mehl und keine Mandeln
verwenden. Die Hälfte des Teigs mit 2 EL Milch und 2 EL Kakao
dunkel färben und dann hellen und dunklen Teig abwechselnd in
die Förmchen füllen.*

Guglhüpfchen
kleine Verwandlungskünstler

SIE SEHEN NICHT NUR BEZAUBERND AUS, SIE SIND AUCH UNGLAUB-
LICH WANDLUNGSFÄHIG, DENN AUS DEM GRUNDTEIG LASSEN SICH
GANZ UNTERSCHIEDLICHE KLEINE KÜCHLEIN BACKEN.

Zutaten für 12 Stück

125 g zimmerwarme Butter

110 g Zucker

abgeriebene Schale von
½ Bio-Zitrone

3 Eier (Größe M)

125 g Mehl

100 g geschälte gemahlene
Mandeln

2 TL Backpulver

2 – 3 EL Milch

besonderes Werkzeug
• 12er-Guglhüpfchen-Blech

Zeitbedarf
• 15 Minuten
• 20 – 25 Minuten backen

So geht's

1. Den Backofen auf 180 °C (Umluft 160 °C) vorheizen. Die
Förmchen mit Fett auspinseln und mit Mehl ausstäuben.

2. Die Butter mit den Schneebesen des Handrührgeräts oder
in der Küchenmaschine ganz cremig rühren. Zucker, Zitronenschale und Eier zufügen und alles zu einer dicken Creme
schlagen. Mehl, Mandeln und Backpulver gründlich vermischen. Auf die Masse geben, etwas Milch zufügen und alles
rasch verrühren. Der Teig soll schwer vom Löffel fallen.

3. Den Teig in die Förmchen verteilen. Im heißen Ofen in 20 – 25
Minuten goldbraun backen. Aus dem Ofen nehmen und kurz
in der Form ruhen lassen. Noch heiß aus der Form stürzen
und auf einem Kuchengitter vollkommen abkühlen lassen.

Das Rezept kann auch in einer größeren Guglhupfform mit
20 cm Durchmesser gebacken werden. Die Backzeit beträgt
dann 35 – 40 Minuten.

Frisch geknackt
und fein gemahlen

UNTER DER HARTEN SCHALE VERBIRGT SICH EIN FEINER KERN. DER
KANN IM GANZEN, GESCHÄLT ODER UNGESCHÄLT, GEMAHLEN, GEHOBELT
ODER IN STIFTEN ZUM BACKEN VERWENDET WERDEN.

Ganz ehrlich, der Nussknacker wird beim
Backen nur selten zum Einsatz kommen. Denn
Mandeln und Haselnüsse werden zum Backen
immer schon geschält angeboten. Auch Walnüsse gibt es als Hälften oder Bruch zu kaufen.
So kann man sich das mühsame Knacken für
die Bäckerei wirklich sparen.

GANZE KERNE KAUFEN
Aber: Kaufen Sie Nüsse oder Mandeln möglichst im Ganzen und nicht gemahlen! In der
Küchenmaschine, im Blitzhacker oder mit dem
Spezialaufsatz des Pürierstabs sind sie ganz
schnell gemahlen. Das hat zwei Vorteile: Ganze
Nüsse und Mandeln bleiben im Vorrat einfach
länger frisch als gemahlene. Und frisch gemahlen ist der Geschmack deutlich intensiver. Gemahlene Nüsse sollte man grundsätzlich immer
rasch verbrauchen, damit sie nicht ranzig werden. Wer eine größere Menge bereits gemahlener Nüsse längere Zeit lagern möchte, kann
diese einfrieren, dann werden sie nicht ranzig.

HASELNÜSSE SCHÄLEN

Die braune Haut der Nüsse lässt sich ganz leicht entfernen, indem man die Nüsse im Backofen oder in einer Pfanne ganz ohne Fett so lange röstet, bis die Haut leicht aufplatzt. Dann alle Nüsse auf ein Küchentuch schütten, darin einschlagen und durch festes Rubbeln die Haut entfernen. Nüsse vom Tuch auflesen, die Schalen bleiben dann darauf zurück. Vor allem für Verzierungen sehen die geschälten Nüsse einfach schöner aus. Positiver Nebeneffekt: Der Nussgeschmack wird durch das Rösten noch ein wenig intensiver.

MANDELN HÄUTEN

Um die Haut der Mandeln zu entfernen, wird Wasser zum Kochen gebracht, die Mandeln werden hineingegeben und einmal kurz aufgekocht. Die Mandeln dann sofort in ein Sieb abschütten und mit kaltem Wasser abschrecken. Jetzt lassen sich die hellen Mandeln ganz leicht aus der aufgeweichten Haut schnippen. Auf einem Küchentuch oder Küchenpapier ausbreiten und trocknen lassen. Das ist besonders wichtig, wenn die Mandeln noch gemahlen werden sollen. Denn feuchte Mandeln werden dabei viel zu matschig.

BLITZKONFEKT AUS NUSSRESTEN

Manchmal bleiben einfach ein paar Nüsse oder Mandeln aus der Packung übrig, die es kaum lohnt aufzuheben. Daraus wird ganz schnell ein Blitz-Konfekt. Dafür die Nüsse abwiegen. Nun die gleiche Menge Schokolade oder Kuvertüre im Wasserbad schmelzen. Nüsse grob hacken, unter die Schokolade mischen und mit einem Teelöffel kleine Häufchen auf Backpapier setzen. Trocknen lassen und genießen!

KNUSPERKROKANT

Für einen Knusperkrokant die Nüsse ebenfalls abwiegen, dann die gleiche Menge Zucker in einer Pfanne bei milder Hitze schmelzen. Die gehackten Nüsse einrühren. Die Masse sofort auf Backpapier oder Alufolie gießen und mit einem Silikonschaber möglichst flach ausstreichen. Den Krokant fest werden und abkühlen lassen. Dann in grobe Stücke brechen, diese in eine feste Plastiktüte füllen und mit einem schweren Topf oder dem Wellholz den Krokant in feine Brösel zerdrücken. Mit diesem Knusperkrokant lässt sich Gebäck verzieren oder das morgendliche Müsli verfeinern. Übrigens: Die Pfanne mit eventuellen Zuckerresten einfach mit Wasser füllen und erwärmen. Der Zucker löst sich auf und die Pfanne ist blitzschnell wieder sauber!

Baiser-Tartelettes
mit dunkler Buttercreme

LUFTIG LEICHTE BAISERBÖDEN VERTRAGEN AUCH GUT EINMAL
EINE GANZ KLASSISCHE BUTTERCREME. EIN WENIG PUDDING
MACHT'S ETWAS LEICHTER.

Zutaten für 10 Stück

5 Eiweiß (Größe M)

1 Prise Salz, 125 g gem. Mandeln

1 geh. EL Mehl, 75 g Puderzucker

Für die Creme

5 Eigelb (Größe M)

2 gestr. EL Speisestärke

125 g Zucker, knapp ½ l Milch

175 g Butter, 2 EL Puderzucker

1 Pck. Vanillezucker

1 geh. EL Kakao

2 EL Mandellikör nach Belieben

Früchte zum Verzieren

besonderes Werkzeug
• Spritzbeutel mit Sterntülle

Zeitbedarf
• 40 Minuten
• 30 Minuten backen

So geht's

1. Die Eiweiße mit Salz ganz steif schlagen, so dass ein Messerschnitt sichtbar bleibt. Mandeln, Mehl und Puderzucker in einer großen Schüssel mischen. Eischnee daraufhäufen und sorgfältig unterheben.

2. Den Backofen auf 160 °C (Umluft 140 °C) vorheizen. Ein Blech mit Backpapier belegen, darauf Kreise mit ca. 7 cm Durchmesser aufzeichnen. Die Baisermasse in den Spritzbeutel füllen. Den Teig spiralförmig in die aufgemalten Kreise spritzen. Im heißen Ofen ca. 30 Minuten backen, dabei die Ofentür mit einem Kochlöffel einen Spalt offen halten. Insgesamt 20 kleine Böden backen.

3. Eigelbe, Stärke, Zucker und ein Viertel der Milch gut verrühren. Die übrige Milch zum Kochen bringen. Eigelbmischung einrühren, einmal aufkochen lassen und zum Abkühlen beiseitestellen.

4. Die Butter mit dem Puderzucker ganz schaumig schlagen. Vanillezucker und gesiebten Kakao unterrühren. Esslöffelweise den abgekühlten Pudding unterrühren. Nach Belieben mit dem Likör abschmecken.

5. Die abgekühlten Böden kurz vor dem Servieren vom Papier lösen. Die Creme in den gereinigten Spritzbeutel mit Loch- oder Sterntülle füllen. Je zwei Böden mit Creme füllen und aufeinandersetzen. Mit einer Cremespirale oder Cremetupfen verzieren. Nach Belieben mit Obst belegen und mit Puderzucker überstäuben. Ungefüllt, gut verpackt und trocken gelagert bleiben die Böden 2–3 Wochen knusprig.

Verzieren Sie die fertigen Tartelettes je nach Jahreszeit mit Himbeeren, Kirschen, Physalis oder Orangenfilets. Oder drehen Sie Mangorosen, das geht ganz einfach: Mango vom Kern schneiden, schälen und in ganz feine Spalten schneiden. 2–3 Spalten übereinanderlegen, aufrollen und auf die Törtchen setzen.

Haselnuss-Spitzbuben
mit Hagebuttenkonfitüre

EIN KLASSISCHES DAUERGEBÄCK, DAS MAN GUT AUF
VORRAT BACKEN KANN, DENN LUFTDICHT VERPACKT
HALTEN DIE SPITZBUBEN MEHRERE WOCHEN.

Zutaten für ca. 24 Stück

350 g Mehl

150 g Zucker

1 Pck. Vanillezucker

1 Prise Salz

100 g fein gemahlene Haselnüsse

250 g kalte Butter

1 Ei (Größe M)

200 g Hagebuttenkonfitüre

Puderzucker zum Bestäuben

besonderes Werkzeug
• großer und kleiner runder
  Ausstecher (Ø 8 – 9 cm und
  max. 2 cm)

Zeitbedarf
• 30 Minuten
• 1 – 2 Stunden kühlen
• 14 Minuten backen

So geht's

1. Mehl mit Zucker, Vanillezucker, Salz und Haselnüssen auf
die Arbeitsfläche häufen. Die Butter in kleine Stücke schneiden, auf das Mehl setzen und das Ei in die Mitte schlagen.
Alle Zutaten mit einem großen Messer durchhacken, dann
die Brösel rasch mit den Händen zu einem festen Mürbteig
kneten. In Folie wickeln und 1 – 2 Stunden im Kühlschrank
ruhen lassen.

2. Den Backofen auf 200 °C (Umluft 180 °C) vorheizen. Das
Backblech mit Backpapier belegen. Den Teig auf der mit
Mehl bestäubten Arbeitsfläche knapp ½ cm dick ausrollen.
Kreise ausstechen, bei der Hälfte dann jeweils noch zusätz-
lich 3 kleine Löcher ausstechen.

3. Die Kreise auf das Blech legen. Mit der Konfitüre bestreichen, dabei den Rand frei lassen. Die Loch-Kreise auflegen.
Im heißen Backofen in 12 – 14 Minuten goldgelb backen.
Mitsamt dem Backpapier auf ein Kuchengitter ziehen und
abkühlen lassen. Dick mit Puderzucker bestäuben und erst
dann ablösen.

KÜCHENTRICK

*Wer keine Ausstechformen in der passenden Größe hat, wird
sicher bei einem Blick in den Geschirrschrank trotzdem fündig:
Für die großen Kreise kann man sehr gut ein Glas mit dem
richtigen Durchmesser verwenden, für die kleinen Kreise eignet
sich ein Apfelausstecher als Ersatz wunderbar.*

Walnuss-Butterkekse
süße Überraschung zum Kaffee

SIE WERDEN IMMER BELIEBTER, DIE TASSENKEKSE, DIE MAN
EINFACH AN BECHER ODER TASSE HÄNGEN UND SICH DAMIT DAS
EXTRA-TELLERCHEN ZUM SERVIEREN SPAREN KANN.

Zutaten für ca. 40 Stück

125 g Mehl
125 g gemahlene Walnusskerne
125 g Puderzucker
1 Prise Salz
abgeriebene Schale von ½ Bio-Zitrone
1 Ei (Größe M)
150 g kalte Butter
100 g Kuvertüre (hell, dunkel oder weiß)

besonderes Werkzeug
• Ausstechform für Tassenkekse

Zeitbedarf
• 50 Minuten
• 10 – 12 Minuten backen

So geht's

1. Mehl mit gemahlenen Nüssen, Puderzucker, Salz und Zitronenschale auf die Arbeitsfläche häufen. Das Ei in die Mitte geben, die Butter in kleinen Stücken rundum setzen. Alle Zutaten mit einem großen Messer bröselig hacken, dann mit den Händen zu einem festen Teig verkneten. In Folie gewickelt 1 – 2 Stunden kalt stellen.

2. Den Backofen auf 200 °C (Umluft 180 °C) vorheizen. Das Backblech mit Backpapier belegen. Die Arbeitsfläche leicht mit Mehl bestäuben. Den Teig darauf gut ½ cm dick ausrollen. Kekse ausstechen und auf das Blech legen. Im heißen Ofen 10 – 12 Minuten backen.

3. Die Kekse mit dem Papier auf ein Kuchengitter ziehen und abkühlen lassen. Die Kuvertüre fein hacken und bei milder Hitze im Wasserbad schmelzen. Die Kekse entweder zur Hälfte eintauchen, auf das Papier zurücklegen und trocknen lassen. Oder die Glasur in eine kleine Plastiktüte füllen, eine winzige Ecke abschneiden und die Kekse mit feinen Glasurlinien verzieren. Gut trocknen lassen und evtl. in Dosen verpacken, so halten sich die Kekse gut 8 – 10 Tage.

Linzer Törtchen
mit Haselnüssen

GUT DURCHGEZOGEN SCHMECKT DER SAFTIGE NUSSTEIG MIT SEINER
KONFITÜRE-FÜLLUNG AM BESTEN. ALSO: RECHTZEITIG BACKEN, DAMIT
DIE TÖRTCHEN RUHEN KÖNNEN!

Zutaten für 8 Stück

150 g zimmerwarme Butter

180 g Zucker

1 Pck. Vanillezucker

300 g Mehl

150 g gem. Haselnüsse

2 EL Kakao

1 Ei (Größe M)

1 Eiweiß (Größe M)

5 – 6 EL Kirschwasser

1 gute Prise gem. Piment

250 g rote Johannisbeerkonfitüre

1 Eigelb (Größe M)

1 EL Milch

besonderes Werkzeug
• Tartelettförmchen (Ø 8 cm)

Zeitbedarf
• 50 Minuten
• 1 – 2 Stunden kühlen
• 25 – 30 Minuten backen

So geht's

1. Die Butter mit den Schneebesen des Handrührgeräts oder in der Küchenmaschine ganz schaumig rühren. Zucker, Vanillezucker, Mehl, Haselnüsse, Kakao, Ei und Eiweiß zufügen. Kirschwasser darüberträufeln und mit Piment würzen. Alles zu einem festen Teig verkneten. In Folie wickeln und 1 – 2 Stunden kalt stellen.

2. Den Backofen auf 180 °C (Umluft 160 °C) vorheizen. Die Tortelett-Förmchen gut mit Butter auspinseln. Den Teig auf wenig Mehl knapp 1 cm dick ausrollen. Kreise ausschneiden, die etwas größer als die Förmchen sind. Diese damit auslegen, dabei einen Rand hochdrücken.

3. Die Konfitüre auf dem Nuss-Teig verteilen. Den übrigen Teig ausrollen. Entweder in Streifen schneiden und diese als Gittermuster auf die Törtchen legen. Oder mit kleinen Formen Motive ausstechen und die Oberfläche damit belegen.

4. Das Eigelb mit der Milch verquirlen. Den Teig damit bepinseln. Die Törtchen im heißen Ofen 25 – 30 Minuten backen. Kurz in der Form abkühlen lassen, dann herauslösen und auf einem Kuchengitter vollkommen auskühlen lassen. Gut verpackt halten sich die Linzer Törtchen 2 – 3 Wochen.

Die im Rezept angegebene Menge reicht auch für eine Springform mit 24 – 26 cm Durchmesser.

fruchtig

Auf luftigem Baiser, in lockerem Rührteig oder auf knusprigem Mürbteigboden, mit saftigen Früchten schmecken kleine Backkunstwerke doppelt so gut.

Zitronentartes
mit Baiserhaube

ZUM KAFFEE, ZUM TEE ODER EINFACH ALS DESSERT – SO EINE KLEINE
TARTE PASST IMMER. FEIN SÄUERLICHE ZITRONENCREME TRIFFT AUF
LUFTIG-SÜSSEN BAISER, EINE WUNDERBARE KOMBINATION!

Zutaten für 3 Tartes

200 g Mehl

75 g Zucker

125 g kalte Butter

1 Eigelb (Größe M)

Für die Creme

2 Bio-Zitronen

3 Eier (Größe M)

200 g Zucker

250 g Butter

Für die Baiserhaube

2 Eiweiß (Größe M)

1 Prise Salz

80 g Zucker

besonderes Werkzeug

• 3 Springformen (Ø 18 cm)

Zeitbedarf

• 1 Stunde
• 1 Stunde kühlen
• 35 Minuten backen

So geht's

1. Mehl, Zucker, klein geschnittene Butter und Eigelb auf der Arbeitsfläche mit einem großen Messer bröselig hacken, rasch mit den Händen zu einem festen Teig verkneten. In Folie gewickelt ca. 1 Stunde kalt stellen.

2. In der Zwischenzeit die Zitronenschale abreiben, den Saft auspressen. In einem Topf die Eier gut verquirlen, Zucker, klein geschnittene Butter und Zitronenschale und -saft zufügen. Unter Rühren erhitzen, bis die Masse anfängt fest zu werden. In eine Schüssel füllen und abkühlen lassen.

3. Den Backofen auf 200 °C (Umluft 180 °C) vorheizen. Backpapier in die Springformen einspannen. Den Teig auf wenig Mehl ausrollen, Böden ausschneiden und in die Formen legen. Im heißen Ofen 12–15 Minuten vorbacken. Aus dem Ofen nehmen, etwas abkühlen lassen.

4. Für das Baiser Eiweiße mit Salz ganz steif schlagen, den Zucker langsam einrieseln lassen. Den restlichen Teig als Rand in die Formen drücken. Zitronencreme einfüllen und glattstreichen. Die Baisermasse darauf verteilen. Dafür entweder löffelweise auf die Creme setzen und mit einem nassen Löffel glatt streichen. Oder die Masse in einen Spritzbeutel füllen und auf die Creme spitzen. Im heißen Ofen nochmals 18–20 Minuten backen. Abkühlen lassen und gut gekühlt servieren. Mit Folie gut abgedeckt hält sich die Tartes im Kühlschrank 4–5 Tage.

Das Rezept kann auch in einer Springform mit 26–28 cm Durchmesser gebacken werden.

AUCH SEHR LECKER

Die Zitronencreme lässt sich auch separat zubereiten und eignet sich prima zum Füllen von Windbeuteln oder frisch gebackenen Blätterteigstreifen. Zuvor in mindestens 2 Stunden im Kühlschrank fest werden lassen!

Erdbeer-Tartelettes

ganz sommerlich

DIE KLEINEN TARTELETTES AUS MÜRBTEIG LASSEN SICH PRIMA VORBEREITEN. UND KURZ VOR DEM SERVIEREN WERDEN SIE MIT FRISCHKÄSECREME UND ERDBEEREN BELEGT.

Zutaten für 8 Stück

200 g Mehl, 100 g Butter

75 g Zucker, 1 Prise Salz

1 EL Zitronensaft, 1 Ei (Größe M)

Für den Belag

50 g dunkle Kuvertüre

350 g Erdbeeren

100 g Frischkäse, 100 g Schmand

abgeriebene Schale von ½ Bio-Zitrone

2 – 3 EL Puderzucker

½ Pck. roter Tortenguss

1 EL Zucker, ⅛ l roter Saft

besonderes Werkzeug
- 8 Tarteletteförmchen (11 x 6 cm)

Zeitbedarf
- 50 Minuten
- 15 Minuten backen

So geht's

1. Das Mehl mit der klein geschnittenen Butter, Zucker, Salz, Zitronensaft und Ei auf die Arbeitsfläche häufen. Alles mit einem großen Messer gut durchhacken. Anschließend mit den Händen rasch zu einem festen Mürbteig verkneten. In Folie gewickelt 1 – 2 Stunden im Kühlschrank ruhen lassen.

2. Den Backofen auf 200 °C (Umluft 180 °C) vorheizen. Die Förmchen gut mit fetten. Den Teig auf etwas Mehl knapp 0,5 cm dick ausrollen. Die Förmchen dicht nebeneinander stellen, die Teigplatte auflegen und einmal mit dem Nudelholz darüber rollen. Den Teig in die Förmchen drücken.

3. Auf ein Blech stellen und im heißen Ofen ca. 15 Minuten backen. Kurz abkühlen lassen, dann noch warm aus den Förmchen lösen. Die Kuvertüre hacken und im Wasserbad schmelzen. Den Boden der Torteletts damit bestreichen.

4. Die Erdbeeren waschen, Stielansatz entfernen und in Scheiben schneiden. Den Frischkäse mit Schmand, Zitronenschale und gesiebtem Puderzucker gut verrühren und abschmecken. Die Törtchen erst kurz vor dem Servieren mit der Creme füllen und mit den Erdbeeren belegen.

5. Den Tortenguss in einem kleinen Topf zuerst nur mit dem Zucker, dann mit dem Saft verrühren. Erhitzen, bis der Guss klar wird. Mit einem Pinsel ganz dünn auf den Erdbeeren verteilen. Wird der Guss im Topf zu schnell fest, etwas Wasser zufügen und nochmals kurz erwärmen. Die fertigen Törtchen am besten gleich verzehren, die unbelegten Böden halten sich luftdicht verpackt etwa 1 Woche.

Gelingt auch in einer Form mit 26 – 28 cm Durchmesser.

Obsttörtchen

mit Butterstreuseln

EIN KLASSISCHER RÜHRTEIG BIETET DAS PERFEKTE BETT FÜR VER-
SCHIEDENES, FEIN SÄUERLICHES OBST. DIE NÖTIGE SÜSSE STEUERN
DIE ZUCKRIGEN BUTTERSTREUSEL BEI.

Zutaten für 12 Stück

100 g Butter, 100 g Zucker

2 Eier (Größe M), 100 g Mehl

½ TL Backpulver

abgeriebene Schale von
½ Bio-Zitrone

350 g säuerliche Äpfel, Zimt

Für die Streusel

150 g Mehl , 80 g Zucker

1 Pck. Vanillezucker

80 g zerlassene Butter

besonderes Werkzeug

• 12er-Muffinblech
• Papierförmchen

Zeitbedarf

• 40 Minuten
• 30 Minuten backen

So geht's

1. Die zimmerwarme Butter mit den Schneebesen des Handrührgeräts oder in der Küchenmaschine ganz schaumig rühren. Zucker und Eier zufügen und in weiteren 2–3 Minuten
zu einer schaumigen Creme schlagen. Mehl, Backpulver und
Zitronenschale unterrühren.

2. Den Backofen auf 200 °C (Umluft 180 °C) vorheizen. Die
Papierförmchen in die Mulden setzen und den Teig darin
verteilen. Die Äpfel schälen, vierteln und das Kernhaus entfernen. Die Viertel in feine Spalten schneiden und auf dem
Teig verteilen. Mit ganz wenig Zimt bestäuben.

3. Mehl, Zucker und Vanillezucker in einer Schüssel vermischen. Die Butter darüber träufeln. Mit den Fingerspitzen
zu Streuseln verreiben. Diese über dem Obst verteilen.
Die Obsttörtchen im heißen Ofen ca. 30 Minuten backen.
Aus der Form lösen und auf einem Gitter auskühlen lassen.

Teig und Streusel reichen auch für eine Springform mit
20 cm Durchmesser.

KIRSCHTÖRTCHEN

Für 12 Stück: 1 Portion Grundteig wie links, 2 cl Kirschwasser, 250 g entsteinte Kirschen, 1 Portion Streusel wie links, 1 gestr. EL Kakao

So geht's: Den Grundteig wie angegeben zubereiten und mit dem Kirschwasser aromatisieren. Den Teig in die mit Papierbackförmchen ausgelegten Mulden eines Muffinblechs geben und die Kirschen darauf verteilen. Die Streusel wie angegeben zubereiten, dabei den Kakao mit unterarbeiten. Die Streusel über den Kirschen verteilen und die Törtchen ca. 30 Minuten bei 200 °C (Umluft 180 °C) backen

BIRNENTÖRTCHEN

Für 12 Stück: 1 Portion Grundteig wie links, 2 gestrichene EL Kakao, 350 g feste Birnen, 2 EL Zucker, 1 Stück Ingwer (ca. 2 cm), 1 Portion Streusel wie links,

So geht's: Den Grundteig wie angegeben zubereiten und den Kakao unterrühren. Den Teig auf die mit Papierbackförmchen ausgelegten Mulden eines Muffinblechs verteilen. Die Birnen schälen, vierteln und das Kernhaus herausschneiden. Die Viertel in feine Spalten schneiden, auf dem Teig verteilen und mit Zucker bestreuen. Den Ingwer schälen und fein reiben. Die Streusel zubereiten, dabei den geriebenen Ingwer mit einarbeiten. Die Streusel auf den Birnen verteilen und die Törtchen ca. 30 Minuten bei 200 °C (Umluft 180 °C) backen.

APRIKOSENTÖRTCHEN

Für 12 Stück: 1 Portion Grundteig wie links, dabei 50 g Mehl durch 50 g gemahlene Mandeln ersetzen, 400 g Aprikosen, 1 Portion Streusel wie links, 2 EL Mandelblättchen

So geht's: Den Teig wie angegeben mit den gemahlenen Mandeln zubereiten und in die gut gefetteten Mulden eines Muffinblechs verteilen. Die Aprikosen waschen, halbieren, entsteinen und die Hälften in feine Spalten schneiden. Den Teig mit den Spalten belegen. Die Streusel zubereiten und über die Aprikosen geben. Zum Schluss noch mit den Mandelblättchen bestreuen. Bei 200 °C (Umluft 180 °C) ca. 30 Minuten backen.

JOHANNISBEERTÖRTCHEN

Für 12 Stück: 1 Portion Grundteig wie links, 2 EL Schokoraspeln, 300 g Johannisbeeren (rot, schwarz oder gemischt), 1 Portion Streusel wie links, 2 EL gehackte Haselnüsse

Den Grundteig zubereiten, dabei die Schokoraspeln unterkneten. Den Teig in die gefetteten Mulden eines Muffinblechs geben. Die Johannisbeeren waschen, von den Rispen streifen und über den Teig streuen. Die Streusel zubereiten, dabei die Haselnüsse mit einarbeiten. Die Streusel über die Beeren geben und die Törtchen bei 200 °C (Umluft 180 °C) ca. 30 Minuten backen.

Die perfekte Basis

für feine Früchtchen

FRISCHE FRÜCHTE ENTHALTEN OFT VIEL FEUCHTIGKEIT, DIE TEIG ODER BODEN MATSCHIG WERDEN LÄSST. ES GIBT ABER EIN PAAR SCHLAUE TRICKS, UM DEM VORZUBEUGEN.

MÖGLICHST WENIG FLÜSSIGKEIT

Bei festen Früchten wie Äpfel oder Birnen gibt es selten ein Problem mit zu viel Flüssigkeit. Saftigere Früchte, v.a. Beeren, sind da eher das Problem. Verwenden Sie reife, aber nicht überreife Früchte, die sehr viel Saft abgeben. Beeren wirklich nur wenn nötig waschen! Die Früchte immer gut in einem Sieb abtropfen lassen und zusätzlich eventuell auf Küchenpapier legen, damit Feuchtigkeit aufgesogen werden kann. Bei tiefgekühlten Früchten muss man besonders aufpassen, da sie durch das Einfrieren recht weich werden und sehr viel Saft abgeben.

RÜHRTEIGBODEN

Rührteig, der mit Früchten belegt wird, kann ganz kurz vorgebacken werden, damit sich die Oberfläche schon leicht schließt. Das dauert zwischen 10 und 12 Minuten. Dann erst mit den Früchten belegen, sie sinken dann auch nicht mehr ganz so stark in den Teig ein. Manchmal ist es aber auch gewünscht, dass das Obst ganz im Teig einsinkt. Dann am besten den Boden der Form mit Backpapier belegen oder kleines Gebäck in Papierförmchen backen, da macht das Herauslösen dann gar keine Probleme.

MÜRBTEIGBODEN

Mürbteigböden bleiben schön knusprig, wenn sie vorgebacken werden. Kleine Förmchen kann man komplett mit dem Teig auslegen und 8–10 Minuten bei 180 °C vorbacken. Bei Formen mit einem höheren Rand wird zuerst nur der Boden vorgebacken – der Rand würde sonst beim Backen abrutschen. Der Boden kommt für 10–12 Minuten bei 180 °C in den Backofen. Dann wird der Rand aus dem restlichen Teig an den halbgaren Boden angedrückt und darauf die Füllung verteilt.

GEEIGNETE FÖRMCHEN

Die Förmchen, in denen die Mürbteigböden gebacken werden, immer gut einfetten und mit Mehl ausstäuben. So lassen sich die fertigen Böden leichter herauslösen. Aus Tartelette-förmchen mit losem Boden lassen sich die fertigen Törtchen am einfachsten wieder herauslösen. Wenn Sie diese öfters backen wollen, lohnt sich die Anschaffung wirklich.

BÖDEN AUF VORRAT

Die Mürbteigböden lassen sich auch gut auf Vorrat backen und dann ganz nach Bedarf mit einer Creme und frischem Obst belegen. Praktisch, wenn mal überraschend Besuch kommt und es schnell gehen soll. Damit auch da nichts durchweicht, hilft folgender Trick: Ein wenig Schokolade – weiß, hell oder dunkel, ganz nach Geschmack – schmelzen und die Böden damit bepinseln. Diese Schicht schützt und erhält nicht nur die Knusprigkeit des Mürbteigs, sondern schmeckt auch extra lecker.

ACHTUNG, BRUCHGEFAHR

Ein knuspriger Mürbteig kann leider sehr leicht brechen. Das passiert manchmal beim Lösen aus den Förmchen. Wenn diese noch leicht warm, aber nicht mehr heiß sind, geht das Auslösen der Böden am besten. Und wenn es doch mal kracht: Den Bruch auf keinen Fall wegwerfen! Man kann die Bruchstücke fein zerbröseln und in Joghurt oder Müsli rühren. Oder im Mixer fein zerkleinern und in den nächsten Rührteig rühren. Und auch als Grundlage für einen Krümelboden wie z.B. für die Pralinentörtchen von Seite 29 eignen sich die Krümel noch.

FRUCHTIGE RESTE

Aussortierte Früchte, die nicht schön genug zum Belegen waren, oder überschüssiges Obst mit ein wenig Zucker überstreuen und je nach Menge im Mixer oder mit dem Pürierstab fein zerkleinern. Damit kann jeder Naturjoghurt oder eine Quarkspeise aufgepeppt werden. Mit Gelierzucker „ohne kochen" hat man so auch mal eine kleine Menge schnelle Konfitüre zum sofortigen Gebrauch. Oder das Fruchtpüree mit Milch und etwas Joghurt auffüllen und zu einem Milchshake aufmixen. Eventuell mit Honig, Zucker oder Zitronensaft abschmecken.

Pawlowas
mit Beerenfüllung

SIE SEHEN EINFACH VERFÜHRERISCH AUS, DIE KLEINEN
TÖRTCHEN AUS BAISER. UND DESSEN SÜSSE PASST WUNDERBAR
ZUR FEINEN FRUCHTSÄURE DER BEEREN.

Zutaten für 12 Stück

4 Eiweiß (Größe M)

1 Prise Salz

120 g Zucker

1 EL Zitronensaft

120 g Puderzucker

2 gestr. EL Speisestärke

75 g dunkle Kuvertüre

Für die Füllung

400 g Beeren (je nach Jahreszeit
Erdbeeren, Himbeeren,
Johannisbeeren, Brombeeren)

2 EL Holunderblütensirup,
ersatzweise 2 gestr. EL Zucker
und 1 EL Zitronensaft

besonderes Werkzeug
• Spritzbeutel mit Sterntülle

Zeitbedarf
• 40 Minuten
• 1 ½ Stunden backen

So geht's

1. Den Backofen auf 100 °C (Umluft 90 °C) vorheizen. Ein Backblech mit Backpapier belegen. Die Eiweiße mit dem Salz
ganz steif schlagen. Den Zucker unter ständigem Schlagen
dazurieseln lassen. Den Zitronensaft zufügen und weitere
2–3 Minuten schlagen.

2. Puderzucker und Speisestärke darübersieben und sorgfältig
unterheben. Die Masse in einen Spritzbeutel füllen. Auf das
Blech spiralförmig Kreise mit ca. 8 cm Durchmesser spritzen. Ringsum jeweils einen kleinen Rand spritzen.

3. Die Baisertörtchen im heißen Ofen in 1 ½ Stunden trocknen
lassen, dabei die Backofentür mit einem eingeklemmten
Holzlöffel etwas offen halten.

4. Die Kuvertüre hacken, in einen kleinen Plastikbeutel füllen
und diesen gut verschließen. Im warmen Wasserbad
schmelzen. Eine Ecke des Beutels abschneiden und die
Kuvertüre auf den abgekühlten Baiserböden verteilen. Mit
einem Pinsel gleichmäßig verstreichen.

5. Die Beeren waschen, Blätter und Stiele entfernen. Große
Beeren eventuell halbieren oder vierteln. Mit dem Sirup oder
Zucker und Zitronensaft vermischen. Erst kurz vor dem Servieren in die Törtchen füllen, damit die Baiserböden nicht
zu sehr aufweichen. Man kann die Baiserböden auch prima
auf Vorrat backen und gut verpackt und trocken gelagert
2–3 Wochen aufbewahren.

Zu den fruchtigen Pawlowas passt eine Vanille-Sahne sehr gut. Dafür 200 g gut gekühlte Sahne aufschlagen und kurz vor dem Festwerden 1 Päckchen Bourbon-Vanillezucker einrieseln lassen.

Apfeltörtchen

schnell gebacken

MANCHMAL MUSS ES EINFACH SCHNELL GEHEN. MIT FERTIGEM BLÄTTERTEIG AUS DEM KÜHLREGAL LASSEN SICH DIE APFEL-TÖRTCHEN IM HANDUMDREHEN BACKEN.

Zutaten für 10 Stück

1 Rolle Blätterteig aus dem Kühlregal (275 g)

5 EL Apfel- oder Quittengelee

5 mittelgroße Äpfel (Boskop oder Jonathan)

3 EL Zucker

¼ TL Zimt

3 EL Mandelblättchen oder -stifte

50 g Butter

Fett für die Förmchen

besonderes Werkzeug

· Tarteletteförmchen (Ø 10 cm)

Zeitbedarf

· 25 Minuten
· 20 Minuten backen

So geht's

1. Den Blätterteig entrollen und in 10 gleichmäßige Rechtecke schneiden. Die Förmchen gründlich ausfetten. Die Teigstücke hineinlegen, überstehenden Teig leicht aufrollen, so dass eine runde Törtchenform entsteht. Das Gelee glattrühren, dafür eventuell etwas erwärmen, und mit gut der Hälfte davon den Teigboden bestreichen.

2. Den Backofen auf 200 °C (Umluft 180 °C) vorheizen. Die Äpfel schälen, vierteln und das Kernhaus herausschneiden. Apfelstücke in Spalten schneiden. Jeweils eine Apfelhälfte schuppenförmig in ein Förmchen legen.

3. Zucker und Zimt vermischen und auf die Äpfel streuen. Mandeln darüber verteilen und darauf Butterflöckchen setzen. Im heißen Ofen ca. 20 Minuten backen. Noch heiß mit dem restlichen Gelee bestreichen. Lauwarm serviert schmecken die Apfeltörtchen am besten. Eine Kugel Vanilleeis passt perfekt dazu.

Das Rezept kann auch in zwei Springformen mit 22–24 cm Durchmesser gebacken werden.

Beerentraum
mit Blätterteig

DER KNUSPRIGE BLÄTTERTEIG TRUMPFT MIT EINER
KARAMELLKRUSTE AUF, DIE SAHNEFÜLLUNG WIRD DURCH
FRISCHE BEEREN SCHÖN FRUCHTIG.

Zutaten für 12 Stück

1 Rolle Blätterteig aus dem
Kühlregal (275 g)

75 g Butter

4 EL brauner Zucker

300 g Beeren (Johannisbeeren,
Himbeeren, Erdbeeren, gemischt
oder nur eine Sorte)

300 g Sahne

1 Pck. Sahnesteif

2 Pck.. Vanillezucker oder
3 EL Orangenzucker

Puderzucker zum Bestäuben

Zeitbedarf
• 40 Minuten
• 20 Minuten backen

So geht's

1. Den Backofen auf 200 °C (Umluft 180 °C) vorheizen. Das
Blech mit Backpapier belegen. Den Blätterteig aufrollen und
längs in 10 breite Streifen schneiden. Auf das Blech legen.

2. Die Butter zerlassen und die Teigoberfläche damit bepinseln. Mit dem Zucker bestreuen. Die Streifen im heißen Ofen
18 – 20 Minuten backen. Auf Kuchengitter setzen und abkühlen lassen. Die Streifen mit einem scharfen Messer quer
halbieren.

3. Die Beeren waschen, Blätter entfernen oder von den Rispen
zupfen. Die Sahne ganz steif schlagen, dabei Sahnesteif und
Vanillezucker zum Schluss zufügen und kurz mitschlagen.
Die Hälfte der Beeren unterheben.

4. Erst kurz vor dem Servieren die Hälfte der Teigstreifen mit
der Creme bestreichen, die übrigen Beeren darauf verteilen.
Eventuell einige Beeren zur Dekoration beiseitestellen. Die
zweite Hälfte Teigstreifen als Deckel auflegen und mit den
übrigen Beeren verzieren. Nach Belieben und je nach Säure
der Beeren noch mit Puderzucker überstäuben

Englische Scones
mit Blitzkonfitüre

IM SÜDEN ENGLANDS SIND SIE KULT, DIE KLEINEN FLUFFIGEN BRÖTCHEN, DIE GANZ STILECHT MIT CLOTTED CREAM UND ERDBEERKONFITÜRE GENOSSEN WERDEN.

Zutaten für 25 Stück

500 g Mehl

1 Pck. Backpulver

1 gestr. TL Salz

75 g Zucker

1 Pck. Vanillezucker

125 g zimmerwarme Butter

2 EL Schmand

1 Ei

ca. 200 ml Milch

Für die Konfitüre

250 g Erdbeeren

125 g Gelierzucker „ohne Kochen"

besonderes Werkzeug
• runder Ausstecher (Ø 5 cm)

Zeitbedarf
• 40 Minuten
• 15 Minuten backen

So geht's

1. Das Mehl mit Backpulver, Salz, Zucker und Vanillezucker gut vermischen. Die Butter in kleinen Stücken zufügen, Schmand und Ei dazugeben und alles mit den Knethaken des Handrührgeräts oder in der Küchenmaschine gut verkneten. So viel Milch zufügen, dass ein formbarer, nicht klebender Teig entsteht.

2. Den Backofen auf 180 °C (Umluft 160 C°) vorheizen. Ein Blech mit Backpapier belegen. Den Teig auf wenig Mehl gut 2,5 cm dick ausrollen. Mit dem Förmchen kleine Scones ausstechen und auf das Blech legen. Im heißen Ofen in 15 – 18 Minuten goldgelb backen.

3. Für die Konfitüre die Erdbeeren waschen, Blätter und Stielansatz entfernen. Die Beeren halbieren und mit dem Gelierzucker vermischen. Im Mixer oder mit dem Pürierstab fein pürieren. In ein Schälchen oder Glas abfüllen und fest werden lassen.

4. Die Scones ganz frisch, möglichst noch lauwarm, servieren. Dazu Clotted Cream und die Erdbeerkonfitüre servieren.

KÜCHENTRICK

Clotted Cream ist bei uns nur sehr schwer zu bekommen. Mit einer Mischung aus 200 g Mascarpone und 100 g Schmand, die mit 1 EL Zucker und etwas abgeriebener Orangen- oder Zitronenschale von unbehandelten Früchten glatt gerührt werden, kann man sich aber sehr gut behelfen. Gut gekühlt servieren.

Heidelbeertörtchen

aus feinem Sandteig

EIN LEICHTER HAUCH VON ROSENWASSER IM SANDTEIG GIBT
DEN WALDBEEREN DIE RICHTIGE BASIS, DIE PUDERZUCKERGLASUR
DANN DIE NÖTIGE SÜSSE.

Zutaten für 12 Stück

125 g Butter

2 Eier

80 g Zucker

je 60 g Mehl und Speisestärke

1 Prise Salz

1 gestr. TL Backpulver

3 EL Rosenwasser
(aus der Apotheke)

400 g Heidelbeeren

Für die Glasur

125 g Puderzucker

2 – 3 EL Zitronensaft

besonderes Werkzeug

• 12er Muffinblech
• Papierförmchen

Zeitbedarf

• 50 Minuten
• 35 Minuten backen

So geht's

1. Die Butter schmelzen und abkühlen lassen. Eier und Zucker zu einer schaumigen Creme schlagen. Speisestärke, Salz und Backpulver vermischen, mit dem Rosenwasser unter die Masse heben. Zum Schluss die Butter unterrühren.

2. Den Backofen auf 180 °C (Umluft 160 °C) vorheizen. Die Heidelbeeren nach Bedarf waschen, gut abtropfen lassen. Den Teig auf die Papierförmchen im Muffinblech verteilen. Mit ⅔ der Beeren bestreuen. Im heißen Ofen ca. 35 Minuten backen.

3. Für die Glasur den Puderzucker mit so viel Zitronensaft verrühren, dass ein dickflüssiger Guss entsteht. Die abgekühlten Törtchen damit bestreichen und mit den übrigen Heidelbeeren verzieren.

TIPP

Die Heidelbeeren lassen sich durch Johannisbeeren, entsteinte Sauerkirschen, Himbeeren, aber auch durch kleingewürfelte Aprikosen, Nektarinen oder Pfirsiche ersetzen. Den Guss ganz nach Belieben mit Fruchtsaft oder Likör anrühren und einfärben.

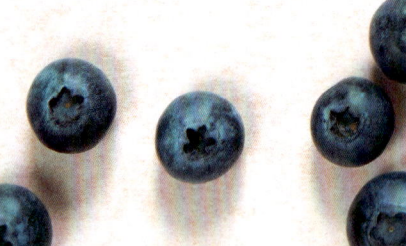

Mini-Feigen-Tartes
mit Schmand

OB GRÜNE ODER BLAUE FEIGEN, DAS SPIELT KEINE ROLLE.
ABER GANZ REIF MÜSSEN DIE FRÜCHTE SEIN, DAMIT SIE DAS
VOLLE AROMA GENIESSEN KÖNNEN.

Zutaten für 14 Stück

300 g Mehl, 100 g Zucker

1 Prise Salz, 1 Ei (Größe M)

200 g kalte Butter

Fett für die Förmchen

Für den Belag

7 reife Feigen

2 Becher (à 200 g) Schmand

3 Eier (Größe M)

75 – 100 g Zucker

1 Prise gem. Nelken

75 g gemahlene Mandeln

abgeriebene Schale von
½ Bio-Zitrone

besonderes Werkzeug

• Tartelettenförmchen (Ø 6 – 7 cm)

Zeitbedarf

• 1 Stunde
• 1 Stunde kühlen
• 30 – 35 Minuten backen

So geht's

1. Mehl, Zucker und Salz auf die Arbeitsfläche geben. Ei in die Mitte aufschlagen, die klein geschnittene Butter rundum setzen. Alles mit einem großen Messer fein bröselig hacken, dann rasch mit den Händen verkneten. In Folie gewickelt 1 Stunde kalt stellen.

2. Den Backofen auf 200 °C (Umluft 180 °C) vorheizen. Die Förmchen mit Fett auspinseln. Die Feigen waschen, Stiel- und Blütenansatz entfernen. Die Früchte in Scheiben schneiden. Schmand, Eier, die Hälfte des Zuckers, Nelken, Mandeln und Zitronenschale zu einer cremigen Masse verrühren. Mit dem übrigen Zucker abschmecken.

3. Den Teig auf etwas Mehl 3 – 4 mm dick ausrollen. Die Förmchen damit auskleiden. Jeweils eine halbe in Scheiben geschnittene Feige auf dem Teig auslegen und mit der Schmandcreme bedecken. 30 – 35 Minuten backen, kurz abkühlen lassen und dann aus den Förmchen lösen.

Für eine größere Tarte in einer Form mit 24 – 26 cm Durchmesser die Teigmenge um ein Drittel reduzieren.

KÜCHENTRICK

Da sicher kaum ein Haushalt 14 Förmchen vorrätig hat, die kleinen Tartes in mehreren Durchgängen backen. Die Förmchen zwischendurch nicht auswaschen, sondern nur mit Küchenpapier auswischen, evtl. nochmal fetten und gleich den nächsten Teig einlegen.

Aprikosen-Mohn-Kuchen

perfekt fürs Picknick

DIESE KUCHENVERSION EIGNET SICH PRIMA ZUM DRAUSSEN ESSEN!
IM GLAS GEBACKEN, LÄSST SICH DER KUCHEN GUT TRANSPORTIEREN
UND IST GESCHÜTZT VOR WESPEN ODER BIENEN.

Zutaten für 6 Stück

300 g Aprikosen

etwas Zitronensaft

Butter zum Ausfetten der Gläser

4 Eier (Größe M)

125 g Zucker

abgeriebene Schale von ½ Bio-Zitrone

90 g Grieß

50 g gemahlener Mohn

1 Prise Salz

besonderes Werkzeug

• Sturzgläser à 250 ml mit Gummiringen, Deckeln und Klammern

Zeitbedarf

• 40 Minuten
• 40 Minuten backen

So geht's

1. Die Aprikosen waschen, halbieren und entkernen. In feine Spalten schneiden und mit etwas Zitronensaft beträufeln. Die Gläser mit Butter auspinseln.

2. Die Eier trennen. Eigelbe mit Zucker mit den Schneebesen des Handrührgeräts oder in der Küchenmaschine zu einer dicken hellen Creme schlagen. Zitronenschale, Grieß und Mohn auf der Creme verteilen. Den Backofen auf 200 °C (Umluft 180 °C) vorheizen.

3. Die Eiweiße mit Salz ganz steif schlagen. Über die Grießmischung häufen und sorgfältig unterheben. Die Hälfte des Teiges in die Gläser verteilen. Die Hälfte der Aprikosenspalten darauflegen. Mit dem restlichen Teig bedecken, dann die übrigen Aprikosen darauf verteilen.

4. Die Gläser auf ein Blech stellen. Im heißen Ofen ca. 30 Minuten backen. Zum Aufbewahren auf die noch heißen Gläser die gewässerten Gummiringe und die Deckel auflegen und gleich mit den Metallklammern verschließen. Dann vollkommen abkühlen lassen. Im Kühlschrank halten sich die verschlossenen Gläserkuchen mindestens 1 Woche. Zum Servieren vorsichtig mit einem Messer am Rand lösen, herausstürzen und auf einen Teller setzen – oder beim Picknick direkt aus dem Glas löffeln.

AUCH SEHR LECKER

Kirschen, Birnen oder feste Beeren wie Heidelbeeren und Johannisbeeren passen auch gut zum Grießteig, der zusätzlich mit einem passenden Obstschnaps parfümiert werden kann.

Beeren-Muffins
mit Schmand

DER SANDTEIG WIRD MIT ZITRONE AROMATISIERT, EIN WENIG VORGEBACKEN
UND BEKOMMT DANN EINE FRUCHTIGE HAUBE AUS SOMMERLICHEN BEEREN.

Zutaten für 12 Stück

110 g Butter
2 Eier (Größe M)
100 g Zucker
60 g Mehl
50 g Speisestärke
½ TL Backpulver
1 Prise Salz
Saft und abgeriebene Schale von 1 Bio-Zitrone
350 g gemischte Beeren
150 g Schmand
1–2 TL Zucker

besonderes Werkzeug
- 12er-Muffinblech
- Papierförmchen

Zeitbedarf
- 30 Minuten
- 30–35 Minuten backen

So geht's

1. Den Backofen auf 180 °C (Umluft 160 °C) vorheizen. Die Butter schmelzen. Eier und Zucker zu einer dick schaumigen Creme schlagen. Mehl, Speisestärke und Backpulver darübersieben. Salz, Zitronenschale und -saft zufügen und unterheben. Ganz zum Schluss die Butter unterrühren.

2. Die Papierförmchen in die Mulden des Muffinblechs stellen. Den Teig in die Förmchen verteilen. Im heißen Ofen ca. 12 Minuten backen. In der Zwischenzeit die Beeren waschen, verlesen und Blätter bzw. Rispen entfernen. Die Muffinform aus dem Ofen nehmen und das Obst auf dem vorgebackenen Teig verteilen. In weiteren 15–20 Minuten fertig backen.

3. Die Beeren-Muffins kurz in der Form ruhen lassen, dann noch warm herauslösen. Auf Kuchengitter setzen und vollkommen abkühlen lassen. Kurz vor dem Servieren den Schmand mit Zucker verrühren, abschmecken und je einen Klecks auf jeden Muffins setzen.

Ein fruchtiger Kuchen gelingt nach diesem Rezept auch in einer Springform mit 20–22 cm Durchmesser.

Cassis-Muffins

Die gemischten Beeren durch 350 g schwarze Johannisbeeren ersetzen. Den Schmand mit 1–2 EL Grenadine-Sirup oder Cassislikör verrühren und eventuell noch mit Zucker abschmecken. Der pinkfarbene Schmandklecks gibt den Muffins den besonderen Pfiff.

Stachelbeer-Muffins

300 g Stachelbeeren waschen, Stiel-und Blütenansatz mit den Fingern abzwicken. Größere Beeren eventuell halbieren. Zusätzlich 2 EL Mandelblättchen und 1 EL Zucker auf den Beeren verteilen. Den Schmand dann ganz weglassen.

Mirabellen-Muffins

400 g Mirabellen waschen, halbieren und entsteinen. Unter den Sandteig nach Belieben zusätzlich 2 EL Mirabellenschnaps rühren. Den Teig einfüllen und mit 3 EL Haselnusskrokant bestreuen. Vorbacken, dann die Mirabellen auf dem Teig verteilen und fertig backen. Abgekühlt mit einem Tupfen geschlagener und ganz leicht mit Vanillezucker gesüßter Sahne verzieren.

Birnen-Muffins

Etwa 400 g reife Birnen schälen, vierteln und das Kernhaus herausschneiden. Fruchtfleisch fein würfeln und mit etwas Zitronensaft vermischen, damit es sich nicht braun verfärbt. Zusammen mit 3 EL Raspel-Schokolade oder Schokostreuseln unter den Sandteig rühren, in die Förmchen füllen und backen. Mit Puderzucker bestäubt servieren.

Cranberry-Muffins

Für diese winterliche Variante 125 g getrocknete Cranberrys grob hacken. In einer kleinen Schale mit 50 ml kochendem Wasser übergießen, eventuell einen Schuss Himbeergeist zufügen und abgedeckt mindestens 20 Minuten durchziehen lassen. Die Cranberrys unter den Teig rühren und mit einer guten Prise gemahlener Nelke würzen. In Förmchen füllen und backen. Nach Belieben mit einer Glasur aus 75 g Puderzucker und 1–2 EL Zitronensaft oder Rum überziehen.

Apple Pie
im Mini-Format

DIE ENGLISCHE VERSION EINES GEDECKTEN APFELKUCHENS.
DABEI HÄLT DER MÜRBTEIG DIE FÜLLUNG AUS ÄPFELN, ROSINEN
UND NÜSSEN SCHÖN SAFTIG.

Zutaten für 8 Stück

300 g Mehl, 150 g Butter

75 g Zucker, 1 Prise Salz

1 Eiweiß (Größe M)

Für die Füllung

50 g Rosinen, 2 EL Whisky

500 g säuerliche Äpfel

Saft und abgeriebene Schale
von ½ Bio-Zitrone

100 g Haselnüsse

2 – 3 EL brauner Zucker

¼ TL Zimt, 1 Prise Piment

1 Eigelb (Größe M), 1 EL Milch

besonderes Werkzeug
• Tartelettförmchen (Ø 9 – 10 cm)
• Ausstechförmchen

Zeitbedarf
• 45 Minuten
• 1 Stunde kühlen
• 30 Minuten backen

So geht's

1. Mehl, klein geschnittene kalte Butter, Zucker, Salz und Eiweiß auf die Arbeitsfläche häufen. Mit einem Messer bröselig hacken, dann rasch mit den Händen verkneten. In Folie gewickelt 1 Stunde kalt stellen.

2. Die Rosinen mit dem Alkohol beträufeln. Kurz durchziehen lassen. Unterdessen die Äpfel schälen, vierteln, Kernhaus entfernen. Klein würfeln. Mit Rosinen, Zitronensaft und -schale, Nüssen, Zucker und Gewürzen vermischen.

3. Den Backofen auf 200 °C (Umluft 180 °C) vorheizen. Gut ⅔ des Teiges ausrollen und die gefetteten Förmchen damit auslegen, so dass der Teig leicht übersteht. Die Füllung auf den Böden verteilen. Restlichen Teig ausrollen, Deckel passend ausschneiden und mit einem Ausstechförmchen eine kleine Öffnung ausstechen. Auf die Füllung legen, den Rand umklappen und festdrücken.

4. Eigelb und Milch verquirlen, die Oberfläche damit bestreichen. Die Pies im heißen Ofen 25 – 30 Minuten backen. Kurz in den Förmchen abkühlen lassen, dann erst herauslösen. Die Apple Pies schmecken noch leicht warm am besten.

Die angegebenen Zutaten reichen auch für eine flache
Auflauf- oder Springform mit ca. 28 cm Durchmesser.

Kirsch-Cupcakes
richtig schön saftig

DURCH DIE SAFTIGEN KIRSCHEN KLEBT DER TEIG SEHR LEICHT AN
DER FORM. WIE GUT, DASS ES PAPIERFÖRMCHEN ZUM BACKEN GIBT!

Zutaten für 12 Stück

350 g Süß- oder Sauerkirschen

100 g zimmerwarme Butter

3 Eier (Größe M)

100 g Zucker

1 EL Vanillezucker

100 g Mehl

1 TL Backpulver

50 g gemahlene Haselnüsse

1 gute Prise Zimt

200 ml Sahne

1 TL Zucker

nach Belieben 1 EL Kirschwasser

1 EL Kakao

besonderes Werkzeug
• 12er-Muffinblech
• Papierförmchen
• Spritzbeutel mit Lochtülle

Zeitbedarf
• 40 Minuten
• 25 Minuten backen

So geht's

1. Die Kirschen waschen, Stiele und Kerne entfernen. Die Papierförmchen in die Mulden des Muffinblechs setzen. Den Backofen auf 180 °C (Umluft 160 °C) vorheizen.

2. Die Butter mit den Schneebesen des Handrührgeräts oder in der Küchenmaschine schaumig schlagen, Eier abwechselnd mit dem Zucker und dem Vanillezucker dazugeben und weiterschlagen, bis eine helle Creme entstanden ist. Mehl, Backpulver, Nüsse und Zimt gut vermischen. Auf die Buttercreme geben und unterrühren.

3. Den Teig in die Förmchen füllen. Die Kirschen jeweils darauf verteilen. Das Blech in den heißen Ofen schieben und die Cupcakes ca. 25 Minuten backen. Kurz in der Form abkühlen lassen, dann herausheben und zum Auskühlen auf ein Kuchengitter setzen. Die Cupcakes halten sich undekoriert in einer Dose 3–4 Tage.

4. Erst kurz vor dem Servieren die Sahne steif schlagen, den Zucker einrieseln lassen und kurz mitschlagen. Nach Belieben das Kirschwasser unterrühren. Die Sahne in einen Spritzbeutel füllen und jeden Cupcake mit einem üppigen Tupfen verzieren. Etwas Kakaopulver darüber stäuben.

Den saftigen Kirschteig können Sie auch in einer Springform mit 22–24 cm Durchmesser backen.

Eine süße Deko-Idee: 75 g dunkle Kuvertüre hacken, in einen kleinen Frischhaltebeutel füllen und im Wasserbad schmelzen. Eine Ecke abschneiden und mit der geschmolzenen Kuvertüre Kirschformen auf einen Bogen Backpapier spritzen. Wenn die Kuvertüre ganz fest geworden ist, die Schoko-Kirschen ablösen und die Cupcakes damit dekorieren.

Johannisbeerkuchen

mit Mandelbaiser

IN EINEM KÖRBCHEN AUS KNUSPRIGEM MÜRBTEIG RUHEN DIE
KLEINEN BEEREN GANZ SANFT IN EINEM BETT AUS LUFTIGEM
BAISER MIT MANDELBLÄTTCHEN.

Zutaten für 3 Kuchen

Für den Teig

220 g Mehl

75 g Zucker

1 Prise Salz

110 g kalte Butter

2 Eigelb (Größe M)

Für die Füllung

750 g rote Johannisbeeren

4 Eiweiß (Größe M)

1 Prise Salz

200 g Zucker

2 EL Zitronensaft

150 g Mandelblättchen

besonderes Werkzeug

• 3 Springformen (Ø 18 cm)

Zeitbedarf

• 50 Minuten
• 50 – 55 Minuten backen

So geht's

1. Den Backofen auf 180 °C (Umluft 160 °C) vorheizen. Mehl, Zucker, Salz, klein geschnittene Butter und die Eigelbe auf der Arbeitsfläche mit einem großen Messer durchhacken, dann rasch zu einem festen Teig verkneten.

2. Gut ⅔ des Teiges auf wenig Mehl ausrollen, Böden ausschneiden und in die mit Backpapier ausgelegten Formen legen. Im heißen Ofen in 12 – 15 Minuten goldgelb backen. Danach etwas abkühlen lassen.

3. Solange die Böden backen, die Beeren waschen, von den Rispen streifen und abtropfen lassen. Die Eiweiße mit Salz ganz steif schlagen, den Zucker einrieseln lassen, Zitronensaft zufügen und weitere 2 – 3 Minuten schlagen.

4. Den restlichen Teig als ca. 4 cm hohen Rand in die Formen drücken. Die Johannisbeeren in eine große Schüssel füllen, mit den Mandelblättchen bestreuen und die Baisermasse obenauf geben. Alles gut vermengen. In die Formen füllen und glatt streichen. Weitere 35 – 40 Minuten backen. Abkühlen lassen und mit Puderzucker bestäubt servieren.

Die im Rezept angegebenen Mengen können auch in einer Springform mit 26 – 28 cm Durchmesser gebacken werden.

cremig

Luftige Füllungen aus Sahne,
Quark, Joghurt, Mascarpone oder Crème fraîche
streicheln den Gaumen bei diesen
kleinen feinen Kreationen.

Frischkäsetörtchen
mit Himbeermark

BEI DIESEN TÖRTCHEN KANN MAN SICH DIE FINGER GARANTIERT NICHT VERBRENNEN, DENN KNUSPERBODEN UND FRISCHKÄSE-CREME WERDEN IM KÜHLSCHRANK „GEBACKEN".

Zutaten für 3 Törtchen

100 g Butterkekse

75 g Hippenröllchen

125 g Butter

2 geh. EL Vanillezucker

abgeriebene Schale von ½ Bio-Zitrone

Für die Creme

500 g Frischkäse

250 g Magerquark

200 ml Himbeermark

100 – 125 g Puderzucker

1 Pck. Sofort-Gelatine

etwas Zitronensaft

250 ml Sahne

einige Himbeeren

besonderes Werkzeug
• 3 Springformen (Ø 18 cm)

Zeitbedarf
• 30 Minuten
• 75 Minuten kühlen

So geht's

1. Die Butterkekse zusammen mit den Hippenröllchen in eine Plastiktüte füllen und diese gut verschließen. Mit dem Nudelholz immer wieder über die Tüte rollen, bis feine Krümel entstanden sind. Oder die Kekse im Blitzhacker zerkleinern.

2. Die Butter schmelzen. In einer Schüssel mit den Kekskrümeln, Vanillezucker und Zitronenschale gründlich vermischen. Backpapier in die Formen einspannen. Den Krümelteig einfüllen und mit einem Löffel gut flach drücken. Zum Festwerden ca. 15 Minuten kalt stellen.

3. Während dessen in einer Schüssel Frischkäse, Quark und das Himbeermark gut verrühren. 100 g Puderzucker und Sofort-Gelatine vermischen, zügig unter die Masse rühren. Mit Zitronensaft und eventuell noch etwas Puderzucker abschmecken.

4. Die Sahne ganz steif schlagen und unter die Frischkäsecreme heben. Auf den Knusperböden verteilen und glatt streichen. Die Oberfläche mit Himbeeren verzieren. Nochmals für eine Stunde kalt stellen und vor dem Servieren eventuell noch mit Puderzucker überstäuben.

Das Rezept kann auch in einer Springform mit 26 – 28 cm Durchmesser zubereitet werden.

Biskuitröllchen
sahnig gefüllt

DER BASIS-TEIG, AUS DEM DIE BISKUIT-ROULADEN GEROLLT WERDEN,
LÄSST SICH GANZ LEICHT ABWANDELN. UND BEI DER FÜLLUNG SIND
DER FANTASIE KEINE GRENZEN GESETZT.

Zutaten für 4 Stück

4 Eier (Größe M)

2 EL lauwarmes Wasser

100 g Zucker

1 Pck. Vanillezucker

100 g Mehl

75 g Speisestärke

1 gestr. TL Backpulver

Für die Füllung

300 ml Sahne

2 EL Zucker

2 EL Sofort-Gelatine

Saft und abgeriebene Schale
von 1 Bio-Zitrone

8 EL Konfitüre oder Gelee,
eine oder vier verschiedene
säuerliche Sorten

Zeitbedarf
· 25 Minuten
· 12 Minuten backen
· 30 Minuten kühlen

So geht's

1. Den Backofen auf 180 °C (Umluft 160 °C) vorheizen. Das Blech mit Backpapier belegen. Die Eier trennen. Eigelbe mit Wasser, Zucker und Vanillezucker mit den Schneebesen des Handrührgeräts oder in der Küchenmaschine 3 – 4 Minuten schlagen, bis eine helle dicke Creme entstanden ist.

2. Mehl, Speisestärke und Backpulver vermischen und auf die Eigelbcreme sieben. Die Eiweiße mit 1 Prise Salz steif schlagen. Auf die Teigmasse häufen, sorgfältig unterheben. Auf dem Blech gleichmäßig verstreichen. Im heißen Ofen ca. 12 Minuten backen.

3. Die gebackene Biskuitplatte auf Backpapier stürzen. Das obere Papier abziehen und die Rolle einmal quer und einmal längs halbieren, dabei das Papier mit durchschneiden. Dann jedes Stück von der längeren Seite her mitsamt dem Papier aufrollen. Abkühlen lassen.

4. Die Sahne steif schlagen, den Zucker und die Sofort-Gelatine zum Schluss langsam einrieseln lassen. Zitronensaft und-Schale unterrühren. Die erste Teigrolle vorsichtig entrollen, mit Konfitüre oder Gelee bestreichen. Ein Viertel der Creme darauf verteilen, dabei rundum etwa 1 cm frei lassen.

5. Die Roulade wieder aufrollen, fest in Frischhaltefolie wickeln und kühl stellen. Die anderen Rollen ebenso füllen. Vor dem Servieren dick mit Puderzucker überstäuben.

Nach diesem Rezept kann natürlich auch eine ganz klassische Biskuitrolle in Blechgröße gerollt werden.

Espresso-Röllchen

So nascht man Kaffee.

DAVON KANN MAN SICH ZUM „NACH-DEM-ESSEN-KAFFEE" AUCH EINFACH MAL NUR EINE DÜNNE SCHEIBE ABSCHNEIDEN. DENN IM KÜHLSCHRANK HALTEN SICH DIE RÖLLCHEN EIN PAAR TAGE.

Zutaten für 4 Stück

4 Eier (Größe M)

120 g Zucker

1 Prise Salz

75 g Mehl

50 g Speisestärke

2 EL Zucker

Für die Creme

3 Eigelb (Größe M)

150 g Zucker

125 g dunkle Schokolade

3 Eiweiß (Größe M)

1 Prise Salz

175 g zimmerwarme Butter

4 EL kalter Espresso

Kakao zum Bestäuben

Zeitbedarf
• 50 Minuten
• 12 – 15 Minuten backen
• 30 Minuten kühlen

So geht's

1. Die Eier mit Zucker und Salz mit den Schneebesen des Handrührgeräts oder in der Küchenmaschine ganz cremig aufschlagen. Mehl und Speisestärke darüber sieben und unterheben.

2. Den Backofen auf 200 °C (Umluft 180 °C) vorheizen. Den Teig auf ein mit Backpapier belegtes Blech (ca. 30 x 40 Zentimeter) streichen. In 12 – 15 Minuten hell backen.

3. Ein Küchentuch mit Zucker bestreuen, die Teigplatte darauf stürzen und das Papier abziehen. Die Platte längs und quer durchschneiden, dann jeweils von der breiten Seite her mitsamt dem Tuch zur Mitte hin aufrollen. Mit einem feuchten Tuch abdecken und abkühlen lassen.

4. Inzwischen für die Creme die Eigelbe mit der Hälfte des Zuckers hell aufschlagen. Die Schokolade im Wasserbad schmelzen und etwas abkühlen lassen. Die Eiweiße mit Salz ganz steif schlagen, den restlichen Zucker einrieseln lassen, dabei ständig weiterschlagen.

5. Die Butter ganz schaumig rühren, die Schokolade unterrühren, dann nach und nach Eigelbmasse und Eischnee sowie den Espresso unterrühren. Alles sollte die gleiche Temperatur haben, damit die Creme nicht gerinnt.

6. Die 4 Biskuitrollen vorsichtig aufrollen, mit der Creme füllen und wieder zusammenrollen. Mit Kakao bestäuben und bis zum Servieren kühl stellen. Die Röllchen lassen sich auch gut einfrieren.

Manchmal reißen Käsekuchen beim Backen unschön auf. Das lässt sich aber ganz leicht verhindern: Nach 20 Minuten Backzeit den Kuchen kurz aus dem Ofen nehmen. Die Quarkmasse mit einem Messer ganz dicht am Teigrand rundum nur leicht einritzen, dann wie gewohnt weiterbacken. So bleibt die Oberfläche schön glatt.

American Cheesecake

Klassiker aus den USA

DER KNUSPRIGE BODEN UND DIE CREMIGE QUARKMASSE SIND
TYPISCH FÜR DEN KÄSEKUCHEN AUS ÜBERSEE. DAS GEHEIMNIS?
DIE LANGE BACKZEIT BEI MILDER HITZE!

Zutaten für 3 Kuchen

175 g Mehl, 75 g Zucker

100 g kalte Butter

1 Prise Salz, 1 Ei (Größe M)

Für die Quarkmasse

1250 g Sahnequark

225 g Zucker

1 Pck. Vanillezucker

abgeriebene Schale von je
½ Bio-Zitrone und -Orange

5 Eier (Größe M)

2 Eigelb (Größe M)

3 geh. EL Mehl

besonderes Werkzeug

• 3 Springformen (Ø 18 cm)

Zeitbedarf

• 30 Minuten
• 15 Minuten vorbacken
• 90 Minuten backen

So geht's

1. Mehl und Zucker auf die Arbeitsfläche häufen, klein geschnittene Butter darauf verteilen, Salz zufügen. Das Ei in
einem Schälchen gut verquirlen und 2 EL davon in die Mitte
der Zutaten geben. Den Rest für die Quarkmasse beiseite
stellen. Alles mit einem großen Messer bröselig hacken,
dann mit den Händen rasch zu einem Teig verkneten.

2. Den Backofen auf 200 °C (Umluft 180 °C) vorheizen. Je ein
Stück Backpapier in die Formen einspannen. ⅔ des Teiges
ausrollen und die Böden damit belegen. Mit einer Gabel
mehrmals einstechen. Im heißen Ofen in 12–15 Minuten
goldgelb backen. Etwas abkühlen lassen.

3. Inzwischen den Quark mit dem übrigen verquirlten Ei und
allen anderen Zutaten gründlich verrühren. Aus dem restlichen Teig jeweils einen etwa 4 cm hohen Rand an die vorgebackenen Böden drücken. Die Quarkmasse einfüllen und
glatt streichen. Im heißen Ofen 15 Minuten backen, dann die
Hitze auf 100 °C (Umluft 90 °C) reduzieren und den Käsekuchen in 75 Minuten fertig backen. Abkühlen lassen und bis
zum Servieren kalt stellen.

Teig und Quarkmasse reichen auch für eine Springform mit
26–28 cm Durchmesser. Die Backzeit verändert sich nicht.

Mugcake
mit grünem Tee

DER NEUE TREND! TASSEN- ODER BECHERKUCHEN, DIE IN DER MIKRO-
WELLE GEBACKEN WERDEN. VOR ALLEM ALS SCHNELLER NACHTISCH
ODER KLEINES MITTAGESSEN EINE SUPER IDEE.

Zutaten für einen Mugcake

3 EL Mehl

1 EL Zucker

1 gestr. TL Matcha-Tee-Pulver

¼ TL Backpulver

1 Prise Salz

4 EL Sahne

1 EL neutrales Öl

1 geh. EL geschlagene Sahne

ganz wenig abgeriebene Schale
von 1 Bio-Zitrone

etwas Puderzucker

gehackte Pistazien oder
Schokoraspel

besonderes Werkzeug
• Tasse (200 ml)

Zeitbedarf
• 12 Minuten

So geht's

1. In der Tasse oder dem Becher Mehl, Zucker, Tee- und Backpulver sowie Salz vermischen. Sahne und Öl zufügen und alles ganz gründlich verrühren. Das geht am besten mit einem
ganz kleinen langen Schneebesen.

2. Tasse oder Becher in die Mikrowelle stellen und den Teig in
4 Minuten bei 600 Watt backen. Herausnehmen und 4 – 5 Minuten abkühlen lassen. Die Sahne mit Zitronenschale und
Puderzucker abschmecken, auf den Mugcake geben. Mit
Pistazien oder Schokoraspeln bestreuen. Der Mugcake wird
frisch, noch leicht warm serviert und einfach ausgelöffelt.
Kompott oder eine Fruchtsauce schmecken fein dazu.

Für mehrere Mugcakes die Teigmenge entsprechend erhöhen,
in einer Schüssel zubereiten und dann erst auf die einzelnen
Tassen verteilen.

AUCH SEHR LECKER

Für einen hellen Mugcake das Teepulver weglassen, statt 1 EL Zucker je 1 TL Vanillezucker und normalen Zucker verwenden. 1 EL klein geschnittene Früchte (Aprikose, Banane, Pfirsich) oder Beeren auf die Oberfläche geben und mit einem Teelöffel leicht unter den Teig drücken. Für einen **Schoko-Mugcake** das Teepulver durch 1 TL Kakaopulver ersetzen.

Lavendeltürmchen

aus Strudelteig

HAUCHDÜNN MÜSSEN DIE STRUDELBLÄTTER SEIN, ABER DAS MÜHSAME
AUSZIEHEN DES TEIGS IST FÜR DIE SCHNELLE BLATTVARIANTE NICHT NÖTIG!

Zutaten für ca. 8 Stück

Für die Creme

300 ml Sahne

1 geh. EL Lavendelblüten

1 Stück Schale von 1 Bio-Zitrone

4 Blatt Gelatine

2 – 3 EL Zucker

Für den Teig

75 g Butter

1 Ei (Größe M)

125 g Mehl

1 Prise Salz

50 ml Wasser

2 EL Mascobado- oder
Rohrrohr-Zucker

Puderzucker zum Bestäuben

Zeitbedarf
- 50 Minuten
- 20 Minuten ziehen
- 1 Stunde ruhen
- über Nacht kühlen

So geht's

1. Die Sahne mit Lavendelblüten und Zitronenschale aufkochen, vom Herd nehmen und 20 Minuten ziehen lassen. Sahne in einen Rührbecher abseihen, die in Wasser eingeweichte Gelatine darin auflösen, Zucker einrühren und kalt stellen, am besten über Nacht.

2. Die Butter zerlassen und etwas abkühlen lassen. Das Ei gut verquirlen. In einer Schüssel Mehl, Salz, Wasser, die Hälfte des verquirlten Eis und 3 EL flüssige Butter gut verkneten. Sollte der Teig zu fest sein, teelöffelweise noch flüssige Butter und etwas Wasser unterkneten.

3. Anschließend auf der Arbeitsfläche mindestens 10 Minuten durchkneten, bis der Teig ganz elastisch ist. Mit einer angewärmten Schüssel abdecken und 1 Stunde ruhen lassen.

4. Den Backofen auf 200 °C (Umluft 180 °C) vorheizen. Das Blech mit Backpapier belegen. Den Strudelteig auf wenig Mehl so dünn wie möglich ausrollen. Die Teigplatte in 7 – 8 cm große Quadrate schneiden, dabei die Ränder nicht begradigen, so dass keine Abfälle entstehen.

5. Die Teigblätter aufs Blech legen, 8 Blätter mit dem restlichen Ei bestreichen. Die übrigen Blätter mit dem Butterrest bepinseln. Alle Blätter dünn mit Zucker bestreuen. Im heißen Ofen 8 – 10 Minuten backen.

6. Kurz vor dem Servieren Lavendelsahne aufschlagen und abwechselnd mit Teigblättern zu Türmchen schichten, ein Teigblatt mit Eiglasur bildet den Abschluss. Mit Puderzucker bestäubt servieren. Mit einigen Lavendelblüten garnieren.

Limettentörtchen
mit Sahnecreme

DER MÜRBE LIMETTENTEIG WIRD IN DÜNNEN PLÄTZCHEN GEBACKEN UND ANSCHLIESSEND MIT DER SAHNECREME EINFACH NUR AUFGESCHICHTET.

Zutaten für ca. 8 Stück

250 g Mehl

125 g Puderzucker

1 Prise Salz

150 g kalte Butter

1 Ei (Größe M)

1 Bio-Limette

Für die Creme

300 g Sahne

3 EL Puderzucker

2 Pck. Sahnesteif

Puderzucker zum Bestäuben

besonderes Werkzeug
• runde Ausstechform (Ø 8 cm)

Zeitbedarf
• 40 Minuten
• 1–2 Stunden kühlen
• 10 Minuten backen

So geht's

1. Mehl, Puderzucker, Salz, klein geschnittene Butter, Ei und abgeriebene Schale der halben Limette auf die Arbeitsfläche häufen. Mit einem großen Messer fein bröselig hacken, dann mit den Händen rasch zu einem Mürbteig verkneten. In Folie gewickelt 1–2 Stunden kalt stellen.

2. Den Backofen auf 200 °C (Umluft 180 °C) vorheizen. Das Blech mit Backpapier belegen. Den Teig auf etwas Mehl 2–3 Millimeter dick ausrollen. Runde Plätzchen mit ca. 8 cm Durchmesser ausstechen und auf das Blech legen. In 8–10 Minuten goldgelb backen. Abkühlen lassen.

3. Die übrige Schale der Limette mit einem Sparschäler abschälen und für die Dekoration in ganz feine Streifen schneiden. Die Limette auspressen. Die Sahne steif schlagen, den Puderzucker nach und nach darübersieben und abwechselnd mit dem Limettensaft unterrühren. Ganz zum Schluss Sahnesteif gleichmäßig unter die Creme rühren.

4. Jeweils 3 Kekse abwechselnd mit zwei Schichten Creme zu einem kleinen Törtchen zusammensetzen. Die Oberfläche dick mit Puderzucker überstäuben und mit der Limettenschale verzieren. Bis zum Servieren kühl stellen.

AUCH SEHR LECKER

Die Windbeutel lassen sich mit verschiedenen Sahnecremes gefüllt immer wieder neu variieren. **Für Schokosahne** 40 g geschmolzene abgekühlte Kuvertüre unter 200 ml steif geschlagene Sahne rühren. Mit Zucker abschmecken. Nach Belieben zusätzlich mit etwas Kirschwasser parfümieren. **Für eine Fruchtsahne** 50 g Fruchtmark unter 200 ml geschlagene Sahne rühren, mit Puderzucker abschmecken. **Für eine Knuspersahne** 200 ml Sahne steif schlagen, mit 1–2 EL Zucker süßen und 50 g Krokantstreusel unterrühren.

Profiteroles
kleine Windbeutel

WINDBEUTEL SIND IMMER EIN HINGUCKER! AUSSERDEM SIND SIE SCHNELL
GEBACKEN, LASSEN SICH GUT VORBEREITEN UND GANZ FIX FÜLLEN.

Zutaten für ca. 30 Stück

⅛ l Milch

50 g Butter

1 Prise Salz

75 g Mehl

2 Eier (Größe L)

Für die Füllung

200 ml Sahne

1 Pck. Vanillezucker

1 EL Zucker

70 g Puderzucker

1–2 EL Zitronensaft

etwas Lebensmittelfarbe

besonderes Werkzeug
• Spritzbeutel mit Sterntülle

Zeitbedarf
• 30 Minuten
• 18 Minuten backen

So geht's

1. Milch und Butter in einem Topf zum Kochen bringen. Salz und Mehl zufügen und unter ständigem Rühren erhitzen, bis sich ein Teigkloß gebildet hat. Dabei entsteht am Topfboden eine weißliche Schicht. Teig in eine Schüssel umfüllen und etwas abkühlen lassen.

2. Inzwischen den Backofen auf 200 °C (Umluft 180 °C) vorheizen. Das Blech mit Backpapier belegen. Die Eier nacheinander unter den noch heißen Teig rühren. Er soll leichte Spitzen bilden, wenn der Rührlöffel hochgezogen wird.

3. In einen Spritzbeutel füllen und walnussgroße Tupfen aufs Blech spritzen. Im heißen Ofen in 15–18 Minuten goldgelb backen. Mit dem Papier vom Blech ziehen, abkühlen lassen.

4. Die Sahne steif schlagen und mit Vanillezucker und Zucker abschmecken. Die Windbeutel erst kurz vor dem Servieren quer halbieren und mit der Sahne füllen. Aus Puderzucker und Zitronensaft eine Glasur rühren, nach Belieben einfärben und die obere Hälfte der Windbeutel damit verzieren. Oder einfach nur mit Puderzucker bestäubt servieren.

Das Rezept reicht auch für 12–14 klassische Windbeutel mit 6–7 cm Durchmesser.

Espresso-Cupcakes
mit Amaretto-Creme

DIE IDEALEN BEGLEITER ZU EINER TASSE ESPRESSO ODER KAFFEE.
DIE AROMEN PASSEN PERFEKT ZUSAMMEN UND DIE KLEINEN TEILCHEN
SIND MIT EINEM HAPPS IM MUND.

Zutaten für 24 Stück

3 Eier (Größe M)

2 cl warmer Espresso

100 g Zucker

1 Prise Salz

110 g Mehl

30 g zerlassene Butter

Für die Creme

200 g Mascarpone

2 EL Mandellikör

2 gestr. EL Puderzucker

nach Belieben 24 Schoko-Mokkabohnen

besonderes Werkzeug
• 24er-Mini-Muffinblech
• Papierbackförmchen
• Spritzbeutel mit Sterntülle

Zeitbedarf
• 25 Minuten
• 16 Minuten backen

So geht's

1. Den Backofen auf 180 °C (Umluft 160 °C) vorheizen. Die Papierförmchen in die Mulden setzen. Die Eier mit Espresso, Zucker und Salz mit den Schneebesen des Handrührgeräts in 3–4 Minuten zu einer dicken hellen Creme aufschlagen.

2. Das Mehl darübersieben und unterheben. Zum Schluss die Butter zügig unterrühren. Den Teig mit einem Teelöffel auf die Förmchen verteilen. Im heißen Ofen ca. 16 Minuten backen. Auf Kuchengitter setzen und abkühlen lassen.

3. Für die Creme in einer Schüssel Mascarpone mit Mandellikör und Puderzucker cremig schlagen. In einen Spritzbeutel mit Sterntülle füllen. Auf jeden Cupcake einen Cremetupfen spritzen. Eventuell noch mit einer Mokkabohne verzieren. Bis zum Servieren kalt stellen.

Die Teigmenge kann auch in einem Muffinblech für 12 Muffins gebacken werden.

Biskuit-Cupcakes
mit Camparicreme

DIE WINZIGEN CUPCAKES HABEN ALS BASIS EINEN LEICHTEN BISKUIT,
UND BEI SO KLEINEN PORTIONEN DARF DAS TOPPING RUHIG AUCH
MAL EIN BISSCHEN ÜPPIGER SEIN!

Zutaten für 24 Stück

3 Eier (Größe M)

2 EL warmes Wasser

100 g Puderzucker

100 g Mehl

2 gestr. TL Backpulver

abgeriebene Schale von
½ Bio-Orange

Für die Creme

250 ml Sahne

2 cl Campari

3 EL Orangensaft

2 EL Puderzucker

3 gestr. EL Sofort-Gelatine

besonderes Werkzeug

· 24er-Mini-Muffinblech
· Papierbackförmchen
· Spritzbeutel mit Sterntülle

Zeitbedarf

· 20 Minuten
· 18 Minuten backen
· 1 Stunde kühlen

So geht's

1. Den Backofen auf 180 °C (Umluft 160 °C) vorheizen. Die Papierförmchen in die Blechmulden setzen. Die Eier mit Wasser und gesiebtem Puderzucker mit den Schneebesen des Handrührgeräts oder in der Küchenmaschine in 4 – 5 Minuten zu einer dicken hellen Creme aufschlagen.

2. Mehl und Backpulver vermischen und über die Eiercreme sieben. Orangenschale zufügen und alles sorgfältig unterheben. Teig auf die Förmchen verteilen. Im heißen Ofen 15 – 18 Minuten backen.

3. Für die Creme in einem Rührbecher Sahne, Campari, Orangensaft und Zucker mit der Sofort-Gelatine gründlich verrühren. Eine Stunde kalt stellen. Die leicht gelierte Flüssigkeit dann mit den Schneebesen des Handrührgeräts cremig aufschlagen.

4. Die Creme in einen Spritzbeutel mit Sterntülle füllen. Jeden Cupcake mit einem üppigen Cremetupfen verzieren. Nach Belieben zusätzlich mit Liebesperlen bestreuen oder größere Zuckerperlen als Dekoration aufsetzen. Die Cupcakes bis zum Servieren kalt stellen.

Die im Rezept angegebenen Mengen reich auch für ein normales 12er-Muffinblech.

Aber bitte mit Sahne!

Cremig, luftig, lecker

DIESE AUFFORDERUNG TRIFFT AUF VIELE CREMES UND FÜLLUNGEN ZU.
ABER AUCH MIT SAHNEQUARK, MASCARPONE UND SCHMAND LASSEN
SICH WUNDERBAR CREMIGE TÖRTCHEN ZAUBERN.

DIE CREME FESTIGEN

Geschlagene Sahne lässt sich ganz leicht mit einem fertig gekauften Sahnefestiger über längere Zeit in Form halten, dabei einfach nach den Angaben auf dem Päckchen vorgehen. Sahne-Cremes mit weiteren flüssigen Zutaten wie z. B. Saft oder Fruchtmark oder Cremes mit Quark und Joghurt erhalten durch Gelatine ihren Halt. Dabei kann entweder Sofort-Gelatine verwendet werden, die nach Packungsanweisung eingerührt wird, oder die klassischen Gelatine-Blätter kommen zum Einsatz. Diese müssen immer zuerst in kaltem Wasser eingeweicht werden. Gut ausgedrückt werden sie im warmen Wasserbad aufgelöst. Anschließend verrührt man diese Flüssigkeit mit einem kleinen Teil der Creme. Dann erst mit dem Rest, denn so lassen sich Gelatine-Klümpchen am besten vermeiden. Erst ganz zum Schluss wird dann die geschlagene Sahne portionsweise untergehoben. Auch hier zuerst wieder nur etwa ein Drittel der Sahne unterheben, damit die Konsistenz etwas weicher und cremiger wird. Dann erst den Rest der Sahne unter die Creme heben, so wird sie schön luftig und verliert nicht zu viel an Volumen.

DER CREME HALT GEBEN

Damit die Törtchen auch schön aussehen, braucht die Creme einen Halt, gewissermaßen ein kleines Korsett. Springformen bieten diesen Service. Sie werden nach dem Backen gereinigt und können dann den fertigen Boden und die Cremefüllung aufnehmen. Ältere Formen sollte man zusätzlich mit Frischhaltefolie auslegen, damit der Metallrand der Form das Aussehen der Creme – es entstehen manchmal pünktchenartige Flecken – und ihren Geschmack nicht beeinträchtigt. Bei neuen beschichteten Formen ist das nicht nötig.

Hilfreich sind aber auch Tortenringe, die sich in der Größe anpassen lassen, oder kleine Metallringe, die ideal für die Zubereitung von kleinen Törtchen sind. Der Rand der Ringe kann mit geschmacksneutralem Öl eingepinselt werden, dann lösen sich die Törtchen nach dem Kühlen besser aus der Form. Zuerst mit einem Messer rundum lösen, dann die Ringe einfach nach oben abziehen. Die Anschaffung solcher Ringe lohnt sich, denn damit lassen sich auch Vorspeisen und Desserts anrichten.

KÄLTE ERWÜNSCHT

Törtchen, für deren Füllung eine Creme mit Gelatine verwendet wird, brauchen unbedingt eine kleine Kälte-Kur. Deshalb schon im Vorfeld für genügend Platz im Kühlschrank sorgen und entsprechend Zeit einplanen, damit die Creme-Füllung in Ruhe fest werden kann.

PERFEKTE RESTE-VERWERTUNG

Sollte einmal ein Rest der Creme übrig sein, machen Sie daraus ganz schnell einen fluffigen Drink. Dafür die Creme in einen Rührbecher geben und mit der doppelten Menge Milch und/oder Fruchtsaft auffüllen. Mit dem Schneebesen gut durchrühren – fertig! Den Drink gut gekühlt servieren.

Achtung: Bei sehr säurehaltigen Säften kann der Mix leicht gerinnen. Aber das kann man retten: Mit dem Pürierstab kurz mixen, so wird der Drink wieder schön sämig.

Joghurt-Törtchen
mit Pistazien-Biskuit

DAS BESONDERE AN DEN TÖRTCHEN? DER AROMATISCHE PISTAZIEN-BISKUIT! ER WIRD AUF DEM BLECH GEBACKEN UND DANN EINFACH PASSEND ZU DEN FÖRMCHEN AUSGESTOCHEN.

Zutaten für 10 – 12 Stück

4 Eier (Größe M)

125 g Zucker, 1 Prise Salz

2 EL warmes Wasser

100 g fein gemahlene Pistazien

50 g Speisestärke

Für die Joghurtmasse

1 Bio-Orange

8 Blatt weiße Gelatine

200 g Quark (20 % oder Magerstufe)

400 g Joghurt, 100 – 125 g Zucker

¼ l Sahne

besonderes Werkzeug
• Förmchen (Ø 6 – 8 cm)
• runde Ausstechform (Ø 6 – 8 cm)

Zeitbedarf
• 40 Minuten
• 20 Minuten backen
• 1 Stunde kühl stellen

So geht's

1. Das Backblech mit Backpapier belegen, dabei an der offenen Blechseite einen doppelten Rand falten. Den Backofen auf 180 °C (Umluft 160 °C) vorheizen.

2. Die Eier mit Zucker, Salz und Wasser mit den Schneebesen des Handrührgeräts in 3 – 4 Minuten zu einer dicken hellen Creme aufschlagen. Pistazien und Speisestärke vermischen und sorgfältig unterheben. Aufs Blech streichen und in ca. 20 Minuten goldbraun backen.

3. Die Orangenschale abreiben, den Saft auspressen. Die Gelatine in kaltem Wasser einweichen. Quark, Joghurt, Zucker, Orangensaft und -schale ganz glatt rühren. Die Gelatine ausdrücken und im heißen Wasserbad auflösen. Mit einigen Esslöffeln der Joghurtmasse verrühren, diese dann sorgfältig unter den restlichen Joghurt rühren.

4. Die Sahne ganz steif schlagen und unter die schon leicht gelierte Joghurtmasse heben. Kleine Förmchen oder Tassen mit ca. 6 – 8 cm Durchmesser mit kaltem Wasser ausspülen. Joghurtmasse einfüllen und glatt streichen.

5. Aus dem Biskuit passende Böden für die Förmchen ausstechen und auf die gefüllten Förmchen legen. Leicht andrücken und zum Festwerden 1 Stunde kalt stellen. Vor dem Servieren die Törtchen am Rand vorsichtig mit einem Messer lösen und aus den Förmchen stürzen. Ganz nach Belieben mit Beeren, Fruchtmark oder Orangenfilets verzieren.

Der Biskuit kann auch in einer Springform mit 26 – 28 cm Durchmesser gebacken werden. Dann den Biskuit einmal teilen und die Füllung zwischen die beiden Hälften streichen.

Schwarzwälder Kirsch

Törtchen im Glas

PICKNICKTAUGLICH PRÄSENTIERT SICH DIESE VARIATION DES KLASSISCHEN REZEPTS. IM GLAS LÄSST SICH DIESE TORTE GANZ LEICHT MITNEHMEN UND WIRD DANN EINFACH AUSGELÖFFELT.

Zutaten für 12 Stück

2 Eier (Größe M)

2 EL lauwarmes Wasser

100 g Zucker

80 g Mehl

1 geh. EL Kakao

3 EL Kirschwasser oder -saft

500 g Sauerkirschen

1 gestr. EL Speisestärke

200 ml Wasser

100 g Zucker

250 ml Sahne

1 Pck. Vanillezucker

2 EL Schokoladenraspeln

besonderes Werkzeug
• Sturzgläser à 200 ml
  mit Deckeln, Gummiringen
  und Klammern

Zeitbedarf
• 50 Minuten
• 20 Minuten backen

So geht's

1. Den Backofen auf 200 °C (Umluft 180 °C) vorheizen. Eier, Wasser und Zucker mit den Schneebesen des Handrührgeräts oder in der Küchenmaschine in ca. 3 Minuten zu einer dicken hellen Creme aufschlagen. Mehl und Kakao darübersieben und unterheben.

2. Den Teig in die Gläser füllen. Auf ein Blech stellen und im heißen Ofen 18–20 Minuten backen. Aus dem Ofen nehmen, die Böden mit Kirschwasser oder -saft beträufeln und abkühlen lassen.

3. Die Sauerkirschen waschen und entsteinen. Die Speisestärke mit 4 EL Wasser glatt rühren. Übriges Wasser mit Kirschen und Zucker zum Kochen bringen. Die Stärkemischung einrühren, einmal aufkochen lassen und evtl. nochmals mit etwas Zucker abschmecken. In die Gläser verteilen.

4. Die Sahne steif schlagen, dabei zum Schluss den Vanillezucker einrieseln lassen. Über den Kirschen verteilen und dick mit den Schokoraspeln bestreuen. Die Deckel mit den Gummiringen auflegen und mit Klammern verschließen. Bis zum Servieren kühl stellen.

KÜCHENTRICK

Auch ohne Sturzgläser lassen sich die Gläserkuchen zubereiten. Dafür den Biskuit einfach in der Springform backen. Nach dem Abkühlen in Stücke zupfen und in Saft- oder Wassergläser oder auch Tassen füllen. Dann Kirschen und Sahne darübergeben.

Käsesahnetörtchen
kleine Klassiker

EIN KLASSIKER DER BACKKUNST: DÜNNER MÜRBTEIG ALS BASIS,
LEICHTE BISKUITBÖDEN, DAZWISCHEN EINE LUFTIGE QUARKCREME
UND DAS ALLES HIER MAL IM 3ER-MINIPACK!

Zutaten für 3 Törtchen

200 g Mehl, 75 g Zucker

125 g zimmerwarme Butter

1 Prise Salz, 1 Eigelb (Größe M)

3 Eier + 1 Eiweiß (Größe M)

1 Prise Salz, 2 EL Wasser

125 g Zucker, 125 g Mehl

Für die Füllung

3 Eigelb (Größe M)

100 g Puderzucker

500 g Magerquark

abgeriebene Schale und
Saft von 1 Bio-Zitrone

1 Pck. Sofort-Gelatine

½ l Sahne, 4 EL Konfitüre

Puderzucker zum Bestäuben

besonderes Werkzeug
• 3 Springformen (Ø 16–18 cm)

Zeitbedarf
• 50 Minuten
• 45 Minuten backen

So geht's

1. Den Backofen auf 180 °C (Umluft 160 °C) vorheizen. Backpapier in die Formen spannen. Für den Mürbteig Mehl, Zucker, Butter, Salz und Eigelb zu einem Mürbteig verkneten und dünn in die Formen drücken. Im heißen Ofen ca. 15 Minuten backen. Abkühlen lassen, dann aus den Formen lösen. Backpapier eingespannt lassen.

2. Für den Biskuit Eier, Eiweiß, Salz, Wasser und Zucker mit den Schneebesen des Handrührgeräts ganz schaumig aufschlagen. Mehl darüber sieben und unterheben. Den Teig in die Formen füllen und in 25–30 Minuten goldgelb backen. Auslösen, nach dem Abkühlen einmal quer halbieren.

3. Für die Füllung Eigelbe und Zucker über einem heißen Wasserbad cremig aufschlagen. Quark mit Zitronensaft glattrühren, unter die Eiercreme rühren, dann die Sofort-Gelatine einrühren. Die Sahne steif schlagen und unterheben.

4. Die Mürbteigböden zurück in die Formen legen. Mit der Konfitüre bestreichen. Jeweils den unteren Biskuitboden einlegen, je ⅓ der Creme einfüllen und glattstreichen. Den oberen Boden auflegen, leicht festdrücken. Die Törtchen mindestens für 2 Stunden kalt stellen. Mit einem Messer am Rand lösen, dann Formen öffnen und herauslösen. Zum Servieren dick mit Puderzucker bestäuben.

Das Rezept reicht auch für eine normale Springform mit 26–28 cm Durchmesser.

KÜCHENTRICK

Bei diesem Rezept bleiben 3 Eiweiße übrig. Aus ihnen einfach nach dem Rezept auf Seite 70/71 kleine Baisers oder Böden für die Pawlowas für den Vorrat backen. So landet nichts in der Tonne.

herzhaft

Genug Süßes gehabt? Dann wird es Zeit
für kleine Brote, Quiches und Knabbergebäck
mit aromatischen Kräutern, würzigem
Käse und herzhaftem Schinken.

Dattel-Feigen-Brot

fruchtig und herzhaft zugleich

DIE TROCKENFRÜCHTE VERLEIHEN DEM KRÄFTIGEN BAUERNBROTTEIG EINE ANGENEHME SÜSSE, DIE WUNDERBAR ZU KÄSE PASST.

Zutaten für 4 Portionen

150 g getrocknete Datteln

150 g getrocknete Feigen

250 g Roggen-Vollkornmehl

150 g Dinkelmehl

100 g Weizen-Vollkornmehl

1 Würfel (42 g) Hefe oder
2 Pck. Trockenhefe

ca. 600 ml lauwarmes Wasser

1 TL Salz

2 TL Essig

½ TL gemahlener Koriander

1 Prise gemahlener Piment

besonderes Werkzeug
• Baguette-Blech

Zeitbedarf
• 40 Minuten
• über Nacht einweichen
• 2 Stunden gehen lassen
• 30 Minuten backen

So geht's

1. Datteln und Feigen in einer Schüssel mit ½ Liter kochendem Wasser übergießen. Abdecken und über Nacht ziehen lassen. Am nächsten Tag in einem Sieb gut abtropfen lassen.

2. Alle Mehlsorten in einer Schüssel mischen. In eine Mulde in der Mitte die Hefe bröckeln. 150 ml lauwarmes Wasser angießen, die Hefe darin unter Rühren auflösen. Den Vorteig 30 Minuten gehen lassen.

3. Nach und nach das restliche Wasser, Salz, Essig und die Gewürze unterkneten, entweder mit den Knethaken des Handrührgeräts oder in der Küchenmaschine. Die abgetropften Früchte unterkneten. Den Teig anschließend auf der Arbeitsfläche nochmals 3–4 Minuten gut durchkneten. Abgedeckt eine weitere Stunde gehen lassen.

4. Den Teig in vier Teile teilen, zu langen Stangenbroten formen und auf das leicht mit Mehl bestäubte Baguette-Blech setzen. Mit einem scharfen Messer mehrmals schräg einritzen. Nochmals 30 Minuten gehen lassen. Inzwischen den Backofen auf 200 °C (Umluft 180 °C) vorheizen. Die Brote hineinschieben und ca. 30 Minuten backen.

Aus der angegebenen Teigmenge können auch zwei größere Baguettes gebacken werden, die Backzeit verlängert sich dann um ca. 10 Minuten.

DAS PASST DAZU

Eine Käsecreme aus Blauschimmelkäse
schmeckt fantastisch zu diesem Brot. Dafür 200 g
Gorgonzola oder Roquefort mit 75 g zimmerwarmer Butter und 2 EL Portwein mit einer Gabel
ganz gründlich vermischen. Mit weißem Pfeffer
und 1 Prise Zucker abschmecken.

Focaccine

Fladenbrote aus Ligurien

DIE KLEINEN FLADENBROTE WAREN VIELLEICHT EINMAL DIE VORGÄNGER DER PIZZA. IHR BELAG KANN JE NACH REGION MINDESTENS GENAUSO ABWECHSLUNGSREICH SEIN!

Zutaten für 8 Stück

Für den Teig

500 g Weizenmehl (Type 550) oder Pizza-Spezialmehl

½ Würfel frische Hefe (ca. 20 g) oder 1 Pck. Trockenhefe

½ TL Meer-Salz

300 – 320 ml lauwarmes Wasser

100 ml Olivenöl

grobes Meersalz

1 – 2 EL Rosmarinnadeln

Zeitbedarf
• 30 Minuten
• 70 Minuten gehen lassen
• 20 Minuten backen

So geht's

1. Das Mehl in eine Schüssel füllen. In eine Vertiefung in der Mitte die Hefe bröckeln. Salz, Wasser und 6 EL Olivenöl zufügen. Alle Zutaten mit den Knethaken des Handrührgeräts verkneten, bis sich der Teig vom Schüsselrand löst. Abgedeckt ca. 40 Minuten gehen lassen.

2. Den Teig auf der Arbeitsfläche gründlich durchkneten. In 8 Portionen teilen, jedes Teigstück auf wenig Mehl zu einem ca. 1 cm dicken Fladen ausrollen. Auf ein mit Backpapier belegtes Blech legen. Mit einem Küchentuch abdecken und nochmals 30 Minuten gehen lassen.

3. Den Backofen auf 250 °C vorheizen. Die Fladen mit den Fingerspitzen leicht eindrücken, so dass kleine Mulden entstehen. Mit 3 – 4 EL Olivenöl beträufeln, grobes Meersalz und Rosmarinnadeln darüberstreuen.

4. Die Ofenhitze auf 220 °C (Umluft 200 °C) reduzieren. Die Focaccine im heißen Ofen ca. 20 Minuten backen. Mit dem restlichen Öl beträufeln und möglichst noch warm servieren.

Der Teig kann auch einfach in Blechgröße ausgerollt und im Ganzen gebacken werden. Nach dem Auskühlen in Portionsstücke teilen

Focaccine alle olive

Vor dem Backen zusätzlich noch 75 – 125 g grob gehackte schwarze Oliven auf den Fladen verteilen.

Focaccine aus der Maremma

Feingehackte Sardellen und rote Zwiebeln geben diesem Fladenbrot seinen besonderen Geschmack. Dafür
5 – 6 Sardellen gut wässern, abtropfen lassen und grob
hacken. 1 rote Zwiebel schälen und fein hacken. Sardellen und Zwiebeln unter den gegangenen Hefeteig
kneten, dann zu Fladen ausrollen und nochmals gehen
lassen. Vor dem Backen wieder mit Öl beträufeln, aber
nicht mit Meersalz bestreuen, da die Sardellen schon
salzig genug sind.

Focaccine alle cipolle

2 kleine Zwiebeln schälen, in feine Ringe schneiden und
die Zwiebelringe auf den Fladen verteilen. Der Rosmarin
kann bei dieser Variante auch durch Thymianblättchen
ersetzt werden.

Focaccine aus Apulien

Für diese apulische Spezialität 3 – 4 getrocknete Tomaten und 2 – 3 Knoblauchzehen sehr fein hacken und mit
unter den Hefeteig kneten. Die ausgerollten Fladen mit
Öl beträufeln und mit wenig Meersalz sowie zusätzlich
mit grob gestoßenem schwarzem Pfeffer bestreuen.

Kräutermuffins
mit kernigem Maisgrieß

DER TEIG FÜR DIESE SALZIGEN MUFFINS ERHÄLT DURCH DEN GRIESS
EINEN GANZ BESONDEREN BISS. UND DIE KRÄUTER KÖNNEN GANZ
NACH JAHRESZEIT VARIIERT WERDEN.

Zutaten für 12 Muffins

1 großes Bund Blattpetersilie

¼ l Milch

200 g Maisgrieß

¼ TL Salz

Pfeffer aus der Mühle

75 g zimmerwarme Butter

1 Ei (Größe M)

1 Prise Zucker

80 g Mehl

2 gestr. TL Backpulver

besonderes Werkzeug
• 12er-Muffinblech
• Papierförmchen

Zeitbedarf
• 30 Minuten
• 15 Minuten quellen lassen
• 30 Minuten backen

So geht's

1. Die Petersilie waschen, Blätter von den Stielen zupfen und fein hacken. Die Milch aufkochen, vom Herd nehmen. Den Grieß einrühren, salzen, pfeffern und 15 Minuten quellen lassen. Den Backofen auf 200 °C (Umluft 180 °C) vorheizen.

2. Die Butter glatt rühren. Ei und Zucker unterrühren. Das Mehl mit Backpulver vermischen, zusammen mit dem Grieß und der Petersilie sorgfältig unterrühren. Den Teig auf die Papierförmchen im Muffinblech verteilen. Im heißen Ofen in 25–30 Minuten goldgelb backen.

AUCH SEHR LECKER

Tauschen Sie die Petersilie wahlweise gegen 50 g kross gebratene Speckwürfel, 30 g fein gehackte getrocknete Tomaten und 1 TL Thymianblättchen oder 75 g fein geschnittene schwarze Oliven und 1 TL gehackte Rosmarinnadeln aus. Zu den würzigen Muffins passen Frischkäse, Kräuterbutter oder die Aufstriche von Seite 123.

Bauernbrote
mit Vollkorn

SCHON DER DUFT DES FRISCH GEBACKENEN BROTES LÄSST EINEM DAS WASSER IM MUNDE ZUSAMMENLAUFEN. MIT DEN PASSENDEN AUFSTRICHEN WIRD DER GENUSS KOMPLETT!

Zutaten für ca. 16 Stück

500 g Weizenmehl

500 g Roggen-Vollkornmehl

1 EL Salz

1 gute Prise Zucker

½ Würfel frische Hefe (20 g) oder 1 Pck. Trockenhefe

700 – 750 ml lauwarmes Wasser

1 TL Brotgewürz oder je ¼ TL gemahlenen Koriander, Fenchel-samen, Anis und Kümmel

150 g Flüssigsauerteig oder 1 Pck. Sauerteigpulver

125 g Vollkornschrot (Roggen oder Weizen) oder 125 g Sonnen-blumenkerne

besonderes Werkzeug
• Blech mit kleinen Kastenmulden oder kleine Kastenformen

Zeitbedarf
• 40 Minuten
• 3 Stunden gehen lassen
• 40 Minuten backen

So geht's

1. Mehl, Vollkornmehl, Salz und Zucker in eine Schüssel füllen. In einer Vertiefung in der Mitte die Hefe mit etwas Wasser glatt rühren. Gewürze, Sauerteig und restliches Wasser zu-fügen. Alles mit den Knethaken des Handrührgeräts gut ver-kneten. Mit einem Tuch abgedeckt 2 Stunden gehen lassen.

2. Den Teig auf die bemehlte Arbeitsfläche geben, Schrot oder Kerne darüberstreuen und in den Teig kneten. In 16 Portio-nen teilen und jede Portion mit bemehlten Händen zu einem kleinen Laib formen.

3. Die kleinen Kastenformen mit etwas Öl auspinseln, die Brote hineinlegen. Mit einem Tuch abgedeckt nochmals 1 Stunde gehen lassen.

4. Den Backofen auf 200 °C (Umluft 180 °C) vorheizen. Die Oberfläche der Brote mit Wasser bepinseln. Im heißen Ofen 35 – 40 Minuten backen. Vor dem Anschneiden vollkommen auskühlen lassen. Die Aufstriche von S. 123 passen hervor-ragend zu den Broten.

Natürlich können Sie nach diesem Rezept auch ein großes Bauernbrot backen. Es muss dann ca. 1 Stunde im Ofen bleiben. Machen Sie den Klopftest (siehe rechts) um zu prüfen, ob es fertig ist.

Käsestangen

aus Quark-Blätterteig

ECHTER BLÄTTERTEIG IST EINE ZIEMLICHE HERAUSFORDERUNG. DER „FALSCHE" BLÄTTERTEIG MIT QUARK IST EINE WÜRDIGE ALTERNATIVE UND GANZ SCHNELL GEKNETET!

Zutaten für ca. 40 Stück

250 g Magerquark

250 g Mehl

250 g kalte Butter

½ TL Salz

Pfeffer aus der Mühle

Muskatnuss

Für den Belag

200 g gereifter alter Gouda, Greyerzer oder Appenzeller

1 Ei (Größe M)

Zeitbedarf

• 40 Minuten
• 1 Stunde kalt stellen
• 20 Minuten backen

So geht's

1. Den Quark gut abtropfen lassen. Zusammen mit Mehl, klein gewürfelter Butter und Salz auf die Arbeitsfläche häufen. Mit frisch gemahlenem Pfeffer und einer guten Prise frisch geriebener Muskatnuss würzen. Alle Zutaten mit einem großen Messer gut durchhacken, dann rasch zu einem festen Teig verkneten. In Folie gewickelt 1 Stunde kalt stellen.

2. Den Backofen auf 220 °C (Umluft 200 °C) vorheizen. Ein Backblech mit Backpapier belegen. Den Käse auf der Rohkostreibe oder in der Küchenmaschine grob reiben.

3. Den Teig in 2 Portionen auf wenig Mehl zu Rechtecken (ca. 40 x 20 cm) ausrollen. Das Ei gründlich verquirlen und die Teigplatte damit bestreichen. Mit dem Käse bestreuen. Kurz mit dem Nudelholz darüberrollen, damit der Käse leicht angedrückt wird.

4. Mit dem Pizzaschneider oder einem Teigrädchen die Teigplatte in 2 cm breite Streifen schneiden. Jeden Streifen aufzwirbeln und auf das Blech legen. Mit dem restlichen Ei bestreichen. Im heißen Ofen in 18–20 Minuten goldgelb backen. Die Käsestangen am besten noch warm servieren.

Schinkenhörnchen

Eine Portion Quark-Blätterteig wie angegeben zubereiten und 3 – 4 Millimeter dick ausrollen. Zuerst in etwa 12 cm breite Streifen, dann in spitz zulaufende Dreiecke schneiden. 200 g dünn geschnittene Scheiben gekochten Schinken auf die Dreiecksgröße zurechtschneiden. Teigdreiecke damit belegen und zu Hörnchen aufrollen. Auf das Blech legen und mit verquirltem Ei bestreichen. Im heißen Ofen 20 – 25 Minuten backen.

Speckschnecken

Eine Portion Quark-Blätterteig knapp ½ cm dick ausrollen. Mit 200 g fein gewürfeltem durchwachsenem Speck oder Frühstücksspeck bestreuen. Nach Belieben 100 g Mandelblättchen oder gehackte Mandeln darauf verteilen. Teigplatte von der längeren Seite her aufrollen, dabei an der Nahtstelle fest andrücken. Die Rolle nochmals 30 Minuten kalt stellen. Anschließend in gut fingerdicke Scheiben schneiden und auf ein mit Backpapier belegtes Blech legen. In ca. 20 Minuten goldbraun backen.

Salzblätter

Eine Portion Quark-Blätterteig ausrollen, mit wenig Meersalz bestreuen und in 10 x 10 cm große Quadrate schneiden. Auf Backpapier ca. 18 Minuten backen. Abgekühlt mit einem der Aufstriche servieren, die auch gut zu den Broten in diesem Kapitel passen.

Feine Aufstriche

Käsebutter 150 g Gorgonzola zusammen mit 100 g zimmerwarmer Butter mit einer Gabel ganz fein zerdrücken. Mit wenig Salz, Pfeffer und einem Schuss Sherry würzen.

Nusscreme 75 g grob gehackte Walnüsse oder Haselnüsse und 2 EL Sauerrahm oder Crème fraîche unter 200 g Frischkäse mischen. Mit etwas abgeriebener Schale von 1 Bio-Zitrone, Salz, Paprikapulver und Pfeffer abschmecken.

Liptauer 150 g reifen Camembert mit einer Gabel fein zerdrücken. 100 g Schichtkäse, 2 EL feine Kapern, etwas Kümmel und einen Schuss Weißwein gründlich damit vermischen. Mit Salz und Pfeffer abschmecken.

Mini-Quiches
mit Lauch

DIE KLEINEN SALZIGEN KUCHEN KÖNNEN GLEICH AUS DER HAND
GEGESSEN WERDEN. IDEALES FINGERFOOD, WENN FÜR TELLER
UND BESTECK EINFACH KEIN PLATZ IST.

Zutaten für 12 Stück

200 g Mehl, 100 g Butter

1 Ei (Größe M), ¼ TL Salz

1 – 2 EL Sahne oder Wasser

Für den Belag

400 g Lauch, geputzt gewogen

125 g durchwachsener Speck

¼ l Sahne

3 Eier (Größe M)

150 g geriebener alter Gouda
oder Greyerzer

Salz, Pfeffer aus der Mühle

Muskatnuss

besonderes Werkzeug
• Tarteletteförmchen (Ø 7 – 8 cm)

Zeitbedarf
• 40 Minuten
• 1 Stunde kühlen
• 20 – 25 Minuten backen

So geht's

1. Mehl und klein geschnittene Butter auf die Arbeitsfläche häufen. Ei und Salz zufügen. Mit einem großen Messer bröselig hacken, mit 1 EL Sahne oder Wasser beträufeln, dann rasch mit den Händen zu einem festen Teig verkneten. In Folie wickeln und 1 Stunde kalt stellen.

2. Den Lauch putzen und waschen. In feine Ringe schneiden. Den Speck fein streifig schneiden. In einer Pfanne auslassen, Lauch zufügen und bissfest garen. Abkühlen lassen.

3. Den Backofen auf 200 °C (Umluft 180 °C) vorheizen. Die Förmchen mit Fett auspinseln. Den Teig auf etwas Mehl 2 – 3 mm dick ausrollen. Die Förmchen damit auslegen.

4. Die Sahne mit Eiern und Käse gut verquirlen. Mit Salz, Pfeffer und Muskat kräftig abschmecken. Den Lauch in die Förmchen füllen, darüber die Käse-Sahne verteilen. Im heißen Ofen 20 – 25 Minuten backen.

Beide Quiche-Rezepte können auch in einer großen Form mit 26 – 28 cm Durchmesser gebacken werden.

Quiches Lorraines
typisch französisch

DER KLASSIKER AUS DEM FRANZÖSISCHEN LOTHRINGEN
SCHMECKT IN DER MINI-VERSION GANZ WUNDERBAR ZU
EINEM KÜHLEN GLAS WEISSWEIN.

Zutaten für 12 Stück

1 Portion Quiche-Teig

100 g durchwachsener Speck

125 g grob geriebener alter
Gouda oder Appenzeller

4 Eier (Größe M)

200 g Crème fraîche

200 g Sahne

Salz, Pfeffer aus der Mühle

Muskatnuss

besonderes Werkzeug
• Tartelettenförmchen (Ø 7–8 cm)

Zeitbedarf
• 40 Minuten
• 1 Stunde kühlen
• 20–25 Minuten backen

So geht's

1. Den Teig wie im Rezept links angegeben zubereiten und in
   Folie gewickelt 1 Stunde kalt stellen.

2. Den Speck in breitere Streifen schneiden. Käse, Eier, Crème
   fraîche und Sahne gründlich verquirlen. Mit Salz, Pfeffer und
   Muskat kräftig würzen.

3. Den Backofen auf 200 °C (Umluft 180 °C) vorheizen. Die
   Förmchen mit Fett auspinseln. Den Teig auf etwas Mehl
   2–3 mm dick ausrollen. Die Förmchen damit auslegen.

4. Die vorbereitete Masse auf die mit Teig ausgelegten Förmchen verteilen und mit Speckstreifen belegen. Im heißen
   Ofen 20–25 Minuten backen.

AUCH SEHR LECKER

1–2 Tage altes Baguette so in Scheiben schneiden,
dass diese am Boden noch zusammenhängen
bleiben. Zwischen die Scheiben etwas Kräuterbutter geben. Das Brot fest in Alufolie oder Backpapier
wickeln und im heißen Ofen 8–10 Minuten backen.

Petites Baguettes
Genuss à la française

DIE KLEINEN WEISSBROTE NACH FRANZÖSISCHEM VORBILD SCHMECKEN EINFACH PUR, NUR MIT BUTTER, ZUM KÄSE, MIT FRUCHTIGER KONFITÜRE ODER MIT EINER SELBST GEMACHTEN KRÄUTERBUTTER.

Zutaten für 8 Stück

450 g Weizenmehl

300 g Dinkelmehl

1 Würfel (42 g) frische Hefe

1 Prise Zucker

600 ml lauwarmes Wasser

1 TL Salz

1 TL Essig

Für die Kräuterbutter

4 Zehen Knoblauch

1 Bund gemischte Kräuter

150 g Butter

Salz, Pfeffer aus der Mühle

etwas abgeriebene Zitronenschale

besonderes Werkzeug
• Baguette-Blech

Zeitbedarf
• 30 Minuten
• 1 Stunde gehen lassen
• 30 Minuten backen

So geht's

1. In einer Schüssel Weizen- und Dinkelmehl vermischen. In eine Mulde in der Mitte die Hefe bröckeln. Zucker und 150 ml lauwarmes Wasser zufügen und die Hefe darin unter Rühren auflösen. Den Vorteig 30 Minuten gehen lassen.

2. Salz und Essig zum Teig geben, die Hälfte des restlichen Wassers dazugießen und mit den Knethaken des Handrührgeräts unter das Mehl arbeiten. So viel Wasser zufügen, bis sich der Teig vom Schüsselrand löst. Anschließend auf der Arbeitsfläche mindestens 5 Minuten durchkneten.

3. Nochmals 30 Minuten gehen lassen. Den Teig wieder durchkneten, in 8 Portionen teilen und zu kleinen länglichen Broten formen. In das gefettete Baguette-Blech legen. Mit einem Küchentuch abgedeckt 30 Minuten gehen lassen.

4. Den Backofen auf 200 °C (Umluft 180 °C) vorheizen. Die Baguettes mit einem scharfen Messer mehrmals schräg einritzen, mit Wasser bepinseln und dann 25–30 Minuten backen.

5. Inzwischen für die Kräuterbutter den Knoblauch schälen, die Kräuter waschen und alles fein hacken. Die Butter mit einer Gabel zerdrücken, Kräuter und Knoblauch, Salz, Pfeffer und Zitronenschale dazugeben und mit der Gabel gründlich unter die Butter mischen. In ein Schälchen füllen oder zwischen Folie zu Rollen formen. Bis zum Servieren kalt stellen.

Für zwei große Baguettes erhöht sich die Backzeit um ca. 15 Minuten.

Butter-Brioches
fein variiert

SIE SCHMECKEN GANZ PUR, ABER AUCH MIT KRÄUTERN, SCHINKEN
ODER KÄSE. DER BELAG WIRD HIER EINFACH SCHON MAL MITGEBACKEN.

Zutaten für 12 Stück

250 g Mehl

½ Würfel frische Hefe (20 g) oder
1 Pck. Trockenhefe

3 EL Milch

1 Prise Zucker

2 Eier (Größe M)

100 g zimmerwarme Butter

¼ TL Salz

nach Belieben 4 EL fein gehackte
Kräuter oder 50 g fein gewürfel-
ten Schinken oder 75 g grob geriebenen Käse

besonderes Werkzeug
• 12er-Muffinblech
• Papierbackförmchen

Zeitbedarf
• 40 Minuten
• 1 ½ Stunden gehen lassen
• 25 Minuten backen

So geht's

1. Das Mehl in eine Schüssel füllen. Hefe in die Mitte bröckeln,
mit Milch und Zucker verrühren, bis sie sich aufgelöst hat.
Eier, Butter und Salz zufügen und alles mit den Knethaken
zu einem geschmeidigen Teig verkneten. Nach Belieben
noch Kräuter, Schinken oder Käse unter den Teig kneten.
Abgedeckt 1 Stunde gehen lassen.

2. Den Teig auf der leicht bemehlten Arbeitsfläche nochmal
durchkneten und in 12 Portionen teilen. Jeweils zu Kugeln
rollen, bei jeder Kugel ein kleines Teigstück fast abzwicken
und zu einer ganz kleinen Kugel aufzwirbeln.

3. Die Förmchen mit Fett auspinseln oder Papierförmchen ins
Blech setzen. Die fertig geformten Brioches hineinsetzen.
Nochmals eine halbe Stunde gehen lassen.

4. Inzwischen den Backofen auf 200 °C (Umluft 180 °C) vorheizen. Die Brioches in ca. 25 Minuten goldgelb backen.
Am besten noch lauwarm servieren.

Das Rezept kann auch in einer Kastenform mit ca. 20 cm
Länge zubereitet werden.

KÜCHENTRICK

*Die Brioches können Sie auch ohne den Teig vorher gehen zu
lassen fix und fertig zubereiten und über Nacht kalt stellen. Dann
erst am nächsten Morgen noch 30 Minuten gehen lassen und ganz
frisch zum Frühstück oder Brunch backen.*

Käse-Krapfen

frisch frittiert

GUT GEREIFTER KÄSE GIBT DEM BRANDTEIG VIEL GESCHMACK. DIE
KLEINEN TEIGKLÖSSCHEN WERDEN DANN FRITTIERT, KÖNNEN ABER
AUCH AUF DEM BLECH GEBACKEN WERDEN.

Zutaten für ca. 50 Stück

100 g alter Gouda oder Pecorino

¼ l Milch

100 g Butter

150 g Mehl

1 gute Prise Salz

4 – 5 Eier (Größe M)

Pfeffer aus der Mühle

Muskatnuss

500 g Frittierfett zum Ausbacken

Zeitbedarf

- 30 Minuten
- 2 – 3 Minuten frittieren

So geht's

1. Den Käse auf der Rohkostreibe oder in der Küchenmaschine
   fein reiben. Die Milch mit der Butter zum Kochen bringen,
   Mehl und Salz zufügen und alles unter Rühren zu einem
   festen Teigkloss abbrennen. Am Topfboden bildet sich dabei
   eine weißliche Schicht.

2. Den Teig in eine Schüssel umfüllen und etwas abkühlen
   lassen. Nach und nach die Eier unterrühren, zum Schluss
   75 g Käse unter den Teig rühren. Mit Salz, Pfeffer und Muskat kräftig abschmecken.

3. Das Fett erhitzen. Sobald an einem Holzlöffelstiel, der ins
   Fett gehalten wird, kleine Bläschen aufsteigen, hat das Fett
   die richtige Temperatur. Vom Teig mit einem Teelöffel kleine
   Nocken abstechen und portionsweise im heißen Fett in
   2 – 3 Minuten goldgelb ausbacken.

4. Die Krapfen mit einem Schaumlöffel herausheben, auf Küchenpapier abtropfen lassen. Auf einer Platte anrichten, mit
   dem restlichen Käse bestreuen und servieren.

SO GEHT'S AUCH

*Den Teig als kleine Käse-Windbeutel im Backofen backen. Dafür
mit zwei Teelöffeln kleine Teighäufchen auf ein mit Backpapier
belegtes Blech setzen. Mit dem übrigen Käse bestreuen und bei
200 °C (Umluft 180 °C) 18 – 20 Minuten backen.*

Mini-Windbeutel
mit Lachscreme

DIESE KLEINEN WINDBEUTEL SIND DIE ALLZWECKWAFFE EINER AUSGEFUCHSTEN GASTGEBERIN. SIE LASSEN SICH GUT VORBEREITEN UND SIND BLITZSCHNELL GEFÜLLT.

Zutaten für ca. 50 Windbeutel

¼ l Milch

100 g Butter

1 gute Prise Salz

150 g Mehl

4 – 5 Eier (Größe M)

Für die Lachscreme

200 g Räucherlachs

100 g Crème fraîche

Salz, weißer Pfeffer

Zitronensaft

besonderes Werkzeug
• Spritzbeutel mit Sterntülle

Zeitbedarf
• 40 Minuten
• 18 Minuten backen

So geht's

1. Die Milch mit der Butter aufkochen. Salz und Mehl zufügen und unter Rühren erhitzen, bis sich ein fester Teigkloß gebildet hat. In einer Schüssel ein wenig abkühlen lassen.

2. Die Eier nach und nach unterrühren, entweder mit dem Rührlöffel oder den Schneebesen des Handrührgeräts. Der Teig soll vom Löffel fallen und weiche Spitzen bilden.

3. Den Backofen auf 200 °C (Umluft 180 °C) vorheizen, das Blech mit Backpapier belegen. Den Teig in den Spritzbeutel füllen und kleine kirschgroße Tupfen auf das Blech spritzen. Im heißen Ofen in 15 – 18 Minuten goldgelb backen. Herausnehmen und abkühlen lassen.

4. Den Lachs in kleine Stücke schneiden, etwas Crème fraîche dazugeben und mit dem Pürierstab ganz fein pürieren. Dann die restliche Crème fraîche unterrühren. Mit Salz, Pfeffer und etwas Zitronensaft kräftig abschmecken.

5. Die Windbeutel einmal quer durchschneiden und erst kurz vor dem Servieren mit der Creme füllen. Deckel wieder aufsetzen. Ungefüllt kann man die Windbeutel 2 – 3 Tage aufbewahren. Oder Sie frieren Sie ein und lassen sie vor dem Füllen in 30 Minuten wieder auftauen.

Brot in Bestform

schön gebacken, elegant verwertet

WAS GIBT ES SCHÖNERES ALS DEN DUFT VON SELBST GEBACKENEM BROT, DER DURCHS GANZE HAUS ZIEHT? ABER ES SOLL JA NICHT NUR GUT RIECHEN UND SCHMECKEN, SONDERN AUCH HÜBSCH AUSSEHEN. WIE GELINGT DAS? UND WAS PASSIERT MIT KLEINEN RESTEN?

PERFEKTE BROTLAIBE

Ein Brotteig ist schwerer als ein normaler Hefeteig und braucht auch mehr Zeit zum Gehen. Damit dabei der Teig nicht zu sehr in die Breite läuft, gibt es für größere Brote spezielle Körbchen, die das Brot in Form halten während der Teig geht. Bei kleineren Broten ist die Gefahr nicht so groß, dass das Brot an Form verliert, denn hier ist die Teigmenge ja viel kleiner. Wer sicher gehen will, kann den kleinen Broten aber auch Halt geben. Dafür breitere Streifen Backpapier oder Alufolie um die Brote legen, Streifen dabei an den Enden übereinanderlegen und mit Büroklammern feststecken. Nun kann der Teig gehen und bleibt in Form. Die Streifen vor dem Backen entfernen.

KNUSPRIGE STANGEN

Schöne Brotstangen werden am besten in einem speziellen Blech für Baguette gebacken. Den Teig schon zum Gehen in die Mulden legen und später darin backen. Wer kein solches Blech hat, legt ein Küchentuch auf der Arbeitsfläche so in Falten, dass schmale Mulden entstehen. Das Tuch dünn mit Mehl bestäuben und die Teigstangen zum Gehen hineinlegen. Die große Oberfläche der Stangenbrote verhilft dem Brot zu besonders viel knuspriger Kruste.

AUSSERGEWÖHNLICHES KLEINGEBÄCK

Mit den entsprechenden Ausstech-Formen lässt sich z. B. Käsegebäck ganz ausgefallen präsentieren. Von Tier- und Spielkartenformen, über Sport treibende Figürchen bis zur Ausstattung für den Hobby-Gärtner, all das kann der Snack-Teller für die gesellige Runde bieten. Und wenn die salzigen Kekse verschenkt werden sollen, können sie ganz individuell ausgestochen werden! Beim Ausstechen darauf achten, dass der Teig nicht zu warm wird, denn nur aus festem Teig lassen sich exakt geformte Kekse ausstechen, die auch beim Backen ihre Form behalten. Das Förmchen zwischendurch immer mal wieder in Mehl tauchen, dann bleibt der Teig weniger kleben.

FEINE RESTEVERWERTUNG

Immer wieder mal bleibt auch vom besten Brot ein Rest übrig. Viel zu schade für die Tonne! Betreiben Sie feine Resteverwertung und machen Sie etwas Neues, Leckeres daraus.

CROÛTONS

Die kleinen Knusperchen schmecken besonders gut zu Suppe oder Salat. Dafür das Brot zuerst in fingerdicke Scheiben, dann in kleine Würfel schneiden. In Öl – ganz nach Geschmack Oliven-, Raps- oder Sonnenblumenöl – zusammen mit einer Knoblauchzehe rundum goldbraun rösten. Den Knoblauch entfernen und die Croûtons auf Küchenpapier schütten, damit überschüssiges Fett abtropfen kann. Salzen und pfeffern und in eine Papiertüte verpacken. So bleiben die Croûtons 5–6 Tage knusprig.

BROTCHIPS

Reste von hellem Brot oder Focaccia kann man in möglichst dünne Scheiben schneiden, mit Olivenöl bepinseln und im Backofen bei guter Hitze rösten. Diese Brotchips sind, gewürzt mit etwas Salz und Paprikapulver, pur oder auch mit einem Dip eine leckere Knabberei. Mit Tomaten, feinen Zwiebelringen, etwas Knoblauch, Kapern und einer leichten Vinaigrette wird daraus ein köstlicher Brotsalat.

BROTSTREUSEL

Brotreste zu Semmelbröseln zu zerreiben ist kein Geheimnis. Man kann das aber auch mal ganz anders machen: Vollkornbrot wird ganz fein zerbröselt und mit etwas Zucker in der Pfanne angeröstet. Abgekühlt geben diese dunklen Streusel Joghurt- oder Quarkspeisen den besonderen Pfiff. Helles Brot kann man mit wenig Salz und etwas Knoblauch anrösten, diese Knusperbrösel schmecken überraschend gut als Parmesanersatz über Pasta.

SO GEHT'S AUCH

Aus dem Rezept lassen sich auch ganz einfach pikante Schnecken backen. Dafür die Rollen in knapp zwei Finger breite Scheiben schneiden. Aufs Blech legen und ca. 25 Minuten backen. Ergibt 50–60 kleine Schnecken.

Rosettenküchlein

pikant gefüllt

DIE KLEINEN SALZIGEN ROSETTENKUCHEN WERDEN MIT DREI
FÜLLUNGEN GEBACKEN, SO KANN AUCH EIN EINZELNER KUCHEN
VERSCHIEDENE GESCHMÄCKER BEDIENEN!

Zutaten für 3 Kuchen

500 g Mehl

1 Würfel (42 g) frische Hefe
oder 2 Pck. Trockenhefe

gut 200 ml lauwarmes Wasser

1 gestr. TL Salz

80 g zimmerwarme Butter

Für die Füllungen

1 Bund gemischte Kräuter

75 g durchwachsener Speck

1 Zwiebel

100 g schwarze entkernte Oliven

50 g gehackte Mandel

1 TL gehackter Rosmarin
oder Thymian

1 Becher Crème fraîche

besonderes Werkzeug
• 3 Springformen (Ø 16 – 18 cm)

Zeitbedarf
• 50 Minuten
• 45 Minuten gehen lassen
• 40 Minuten backen

So geht's

1. Das Mehl in eine Schüssel füllen, in eine Vertiefung in der Mitte die Hefe bröckeln. Mit etwas Wasser verrühren, bis sie sich aufgelöst hat. Restliches Wasser angießen, Salz und Butter zufügen. Alles mit den Knethaken des Handrührgeräts oder in der Küchenmaschine gut verkneten, bis sich der Teig vom Schüsselrand löst. Mit einem Tuch abdecken und 45 Minuten gehen lassen.

2. Die Kräuter waschen, trocken schütteln und fein hacken. Den Speck fein würfeln, Zwiebel schälen und ebenfalls fein hacken. Die Oliven grob hacken. Speck in einer Pfanne ausbraten, Zwiebeln zufügen und weich dünsten. Die Mischung salzen und pfeffern.

3. Oliven, Mandeln, Rosmarin oder Thymian mit der Hälfte der Crème fraîche gut verrühren. Mit Salz und Pfeffer abschmecken. Die fein gehackten Kräuter mit der übrigen Crème fraîche glatt rühren, ebenfalls abschmecken.

4. Den Backofen auf 200 °C (Umluft 180 °C) vorheizen. Backpapier in die Springformen spannen. Den Teig dritteln. Die Portionen nacheinander zu Rechtecken (ca. 40 x 20 cm) auf wenig Mehl ausrollen. Jeweils mit Oliven-Mandel-Füllung, Speck-Zwiebel-Mischung und Kräutercreme bestreichen.

5. Platten von der langen Seite her aufrollen, jeweils in 4 cm dicke Scheiben schneiden. Die Schnecken entweder gemischt oder jeweils nur eine Sorte in die vorbereiteten Formen stellen. Im heißen Backofen 35 – 40 Minuten backen. Die Rosettenküchlein schmecken warm am besten.

Die angegebene Menge kann auch einfach in einer großen Springform mit 26 – 28 cm Durchmesser gebacken werden.

Grissini
feine Knabberstangen

DIE LANGEN KNUSPRIGEN STANGEN KANN MAN IMMER WIEDER
ANDERS WÜRZEN. ZWIRBELT MAN DEN TEIG NOCH AUF, WIRD ER
BEIM BACKEN BESONDERS KNUSPRIG.

Zutaten für ca. 60 Stück

500 g Mehl

½ Würfel frische Hefe (20 g)
oder 1 Pck. Trockenhefe

1 gestr. TL Salz

320 – 350 ml lauwarmes Wasser

2 EL Olivenöl

6 – 8 EL fein gehackte Kräutermischung aus Thymian, Oregano,
Petersilie und Knoblauch

Zeitbedarf

- 30 Minuten
- 30 Minuten gehen lassen
- 18 Minuten backen

So geht's

1. Das Mehl in eine Schüssel füllen. In die Mitte eine Vertiefung drücken, die Hefe hineinbröckeln. Salz, Wasser, Öl und Kräutermischung zufügen und alles mit den Knethaken des Handrührgeräts gut durchkneten. Sobald sich der Teig vom Schüsselrand löst, diesen herausnehmen und auf der Arbeitsfläche weitere 4 – 5 Minuten von Hand durchkneten. Mit einem Tuch abdecken und eine halbe Stunde gehen lassen.

2. Den Backofen auf 220 °C (Umluft 200 °C) vorheizen. Das Blech mit Backpapier belegen. Den Teig in 4 Portionen teilen. Jede Portion auf ganz wenig Mehl zu einem Rechteck (ca. 20 x 30 cm groß) ausrollen.

3. Mit dem Pizzaschneider oder einem langen Messer quer in 15 schmale Streifen schneiden. Auf das Belch legen und im heißen Ofen in 15 – 18 Minuten goldbraun backen

AUCH SEHR LECKER

125 g getrocknete Tomaten und 2 gestr. TL Thymianblättchen ganz fein hacken, auf die Teigplatten streuen und diese in Streifen schneiden. Mit etwas Olivenöl beträufeln und möglichst eng aufzwirbeln. Auch mit 75 g altem Pecorino und 75 g gehackten Oliven oder mit 150 g gewürfeltem Speck und einer gehackten Zwiebel bestreut lassen sich schön würzige Grissini backen.

Mohnschleifen

aus Quark-Öl-Teig

SIE SEHEN RAFFINIERT AUS, SIND JEDOCH GANZ UNKOMPLIZIERT ZU
BACKEN. UND DER QUARK IM TEIG HÄLT DAS GEBÄCK SCHÖN SAFTIG.

Zutaten für ca. 40 Stück

150 g Magerquark, 300 g Mehl

1 Pck. Backpulver

6 EL Milch, 6 EL Öl

1 gute Prise Salz

Pfeffer aus der Mühle

Für die Füllung

100 g frisch gemahlener Mohn

4 EL Crème fraîche

Salz, Pfeffer aus der Mühle

etwas abgeriebene Schale von
1 Bio-Zitrone

Zeitbedarf

- 40 Minuten
- 30 Minuten abtropfen lassen
- 1 Stunde kühlen
- 18 Minuten backen

So geht's

1. Den Quark in ein feines Sieb geben und eine halbe Stunde
   abtropfen lassen. Oder in ein Tuch füllen, dieses fest zusam-
   mendrehen und die Flüssigkeit herausdrücken.

2. In einer Schüssel Mehl und Backpulver vermischen. Quark,
   Milch, Öl und Gewürze zufügen. Mit den Knethaken des
   Handrührgeräts rasch zu einem festen Teig verkneten. In
   Folie gewickelt 1 Stunde kalt stellen.

3. Den Backofen auf 200 °C (Umluft 180 °C) vorheizen. Den
   Teig in zwei Portionen auf wenig Mehl zu einem Rechteck
   ca. 30 x 40 cm groß ausrollen. Mohn und Crème fraîche glatt
   rühren und mit den Gewürzen abschmecken. Jeweils auf
   eine Längshälfte der Platte streichen. Die andere Hälfte da-
   rüberklappen, an den Rändern leicht andrücken.

4. Mit dem Pizzaschneider oder einem scharfen Messer in je
   20 Streifen schneiden. Jeden Streifen in der Mitte bis auf
   zwei Fingerbreit an der oberen und unteren Seite der Länge
   nach einschneiden. Ein Ende des Streifens durch den Schlitz
   stecken, wieder der Länge nach auseinanderziehen und
   die fertigen Schleifen aufs Blech legen. Im heißen Ofen
   16–18 Minuten backen.

SO GEHT'S AUCH

*Noch schneller und unkomplizierter geht es, wenn Sie die Teigstrei-
fen einfach leicht aufzwirbeln, anstatt sie zu Schleifen zu formen.*

Käsegebäck

schön mürb

DAS SALZIGE DAUERGEBÄCK IST PERFEKT FÜR DEN VORRAT, SO HAT
MAN AUF DIE SCHNELLE IMMER WAS GUTES ZUM KNABBERN!

Zutaten für ca. 500 g Gebäck

250 g Mehl

150 g geriebener Käse (z. B. alter Gouda, Greyerzer oder Pecorino)

150 g kalte Butter

1 Ei (Größe M)

Salz, Pfeffer aus der Mühle

1 gute Prise frisch geriebene Muskatnuss

1–2 EL Sauerrahm

1 Eigelb (Größe M)

2 EL Milch oder Sahne

nach Belieben Kümmel, Mohn- oder Sesamsamen zum Bestreuen

besonderes Werkzeug
· witzige Ausstechformen

Zeitbedarf
· 30 Minuten
· 1 Stunde kalt stellen
· 15 Minuten backen

So geht's

1. Mehl, Käse, klein gewürfelte Butter, Ei, die Gewürze und 1 EL Sauerrahm auf die Arbeitsfläche häufen. Alle Zutaten mit einem großen Messer fein bröselig hacken. Dann rasch mit den Händen zu einem festen Mürbteig verkneten. Sollte er zu bröckelig sein, noch etwas Sauerrahm unterkneten. In Folie gewickelt eine Stunde kalt stellen.

2. Den Backofen auf 200 °C (Umluft 180 °C) vorheizen. Das Backblech mit Backpapier belegen. Den Teig auf einer bemehlten Fläche knapp 1 cm dick ausrollen. Plätzchen ausstechen und auf das vorbereitete Blech legen.

3. Eigelb und Milch oder Sahne gut verquirlen. Das Gebäck damit bestreichen und ganz nach Belieben mit den Gewürzen bestreuen. Im heißen Ofen in 12–15 Minuten goldgelb backen. Mitsamt dem Papier vom Blech ziehen und abkühlen lassen. Gut verpackt und kühl aufbewahrt hält sich das Gebäck 10–14 Tage.

Register

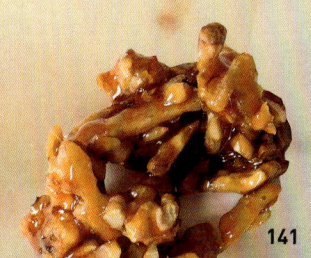

Gemeinsam genießen

Dagmar Reichel
Komm zum Kaffeeklatsch
144 Seiten, €/D 14,95

Das Buch lädt dazu ein, den Kaffeeklatsch so richtig gekonnt zu zelebrieren.
Liebevolle Ideen für schön gestaltete Ein-
ladungen, stilvolle Tischdekorationen und
ein stimmungsvolles Ambiente. Geliebte
Kuchenklassiker und moderne Trends
wie Cake-Pops und Whoopies werden
Ihre Gäste begeistern.

Rafael Pranschke
Schokolade
144 Seiten, €/D 14,99

Schokolade: süß, herb, zartschmelzend –
so schmeckt ein Stück vom Glück.
Einfache Rezepte und jede Menge
Know-how rund um Schokolade, Kuver-
türe und Kakao lassen diese Schoko-
Schätzchen perfekt gelingen. Mit diesen
kulinarischen Herzensbrechern können
Sie sich und anderen eine ganz besondere
Freude machen.

Patrick Ulmer • Moritz Weeger
Tee
144 Seiten, €/D 14,99

Tee rockt! Das spüren die beiden Berliner Autoren Patrick und Moritz ganz genau! Sie sind zwei von fünf Gründern der Teemanufaktur „5 Cups and some sugar". Alle fünf Jungs haben ein Ziel: Zu zeigen, was in Tee steckt. Mit vielen Rezepten für kreative Teemischungen, erfrischende Eistees und noch nie da gewesene Tee-Cocktails und Longdrinks.

Nadja Bruhn
Kekskunst zum Selbermachen
144 Seiten, €/D 14,99

Deutschlands erste Keksdesignerin macht auch aus Ihnen einen Kekskünstler: mit gelingsicheren Grundrezepten für Teige und Glasuren sowie Schritt-für-Schritt-Anleitungen für die verschiedensten Dekorationstechniken. Die trendigen Kekse zu vielen Themen und Anlässen schmecken köstlich und sind einfach zum Verlieben.

Akteure

Regine Stroner ist freie Food-Journalistin und Autorin und hat bereits einige erfolgreiche Koch- und Backbücher veröffentlicht. Bei KOSMOS sind unter anderem „Bald ist Weihnachten", „Wünsch dir was" und „Selbst gemacht & mitgebracht" erschienen. Regine Stroner lebt mit ihrer Familie im Hohenlohischen, wo sie zusammen mit ihrem Mann, einem Sternekoch, einen eigenen, traditionsreichen Landgasthof führt. Ihr kulinarisches Know-how gibt sie dort auch regelmäßig in Koch- und Backkursen sowie Kräuterworkshops weiter.

Mirjam Fruscella arbeitet als Still-Life-Fotografin mit dem Schwerpunkt Interior & Design und veröffentlicht ihre Fotos in nationalen und internationalen Wohn- und Einrichtungsmagazinen. Immer wieder verbindet sie aber auch ihre Leidenschaft für Fotografie mit ihrer Liebe zum gutem Essen und setzt kulinarische Themen gekonnt in Szene.

Sarah Trenkle ist ausgebildete Köchin mit besonderem Focus auf Patisserie und Chocolaterie und arbeitet seit mehreren Jahren als selbständige Foodstylistin und Rezeptentwicklerin. Für dieses Buch hat sie die köstlichen Kleinigkeiten appetitlich arrangiert.

Impressum

Mit 74 Farbfotos von Mirjam Fruscella, 2 Fotos von Alexander Walter (S. 129 und 137) und 1 Foto von EISING STUIO / Martina Görlach (S. 58)

Umschlaggestaltung von Gramisci Editorialdesign, Claudia Geffert, München, unter Verwendung zweier Fotos von Mirjam Fruscella. Das Foto auf der Umschlagvorderseite zeigt die Guglhüpfchen von S. 51.

Unser gesamtes Programm finden Sie unter **kosmos.de**. Über Neuigkeiten informieren Sie regelmäßig unsere Newsletter, einfach anmelden unter **kosmos.de/newsletter**

Gedruckt auf chlorfrei gebleichtem Papier

© 2015, Franckh-Kosmos Verlags GmbH & Co. KG, Stuttgart.
Alle Rechte vorbehalten
ISBN 978-3-440-14117-5
Projektleitung und Redaktion: Claudia Salata
Gestaltungskonzept: Gramisci Editorial Design, Claudia Geffert, München
Gestaltung und Satz: Cordula Schaaf, Grafik-Design, München
Produktion: Eva Schmidt
Printed in Germany / Imprimé en Allemange

MIX
Papier aus verantwortungsvollen Quellen
FSC® C004592
FSC
www.fsc.org